AF346531

LE VRAI CHEVALIER

DE

MAISON-ROUGE

A.-D.-J. GONZZE DE ROUGEVILLE

1761-1814

D'APRÈS DES DOCUMENTS INÉDITS

PAR

G. LENOTRE

TRENTIÈME ÉDITION

LE VRAI

CHEVALIER DE MAISON-ROUGE

OUVRAGES DE G. LENOTRE

GRAND PRIX DE L'ACADÉMIE FRANÇAISE 1924

LA GUILLOTINE pendant la Révolution, 27ᵉ édition.
LE VRAI CHEVALIER DE MAISON-ROUGE, 27ᵉ édition.
LE BARON DE BATZ, 29ᵉ édition.
PARIS RÉVOLUTIONNAIRE, 45ᵉ édition.
VIEILLES MAISONS, VIEUX PAPIERS, 1ʳᵉ série, 82ᵉ édition.
VIEILLES MAISONS, VIEUX PAPIERS, 2ᵉ série, 71ᵉ édition.
VIEILLES MAISONS, VIEUX PAPIERS, 3ᵉ série, 62ᵉ édition.
VIEILLES MAISONS, VIEUX PAPIERS, 4ᵉ série, 50ᵉ édition.
VIEILLES MAISONS, VIEUX PAPIERS, 5ᵉ série, 17ᵉ édition.
BLEUS, BLANCS ET ROUGES. Récits d'histoire Révolution-
naire, d'après des documents inédits, 24ᵃ édition.
LA CAPTIVITÉ ET LA MORT DE MARIE-ANTOINETTE, 42ᵉ édition.
LE MARQUIS DE LA ROUERIE et la Conjuration bretonne,
27ᵉ édition.
TOURNEBUT; la Chouannerie normande au temps de
l'Empire (1804-1809), 27ᵉ édition.
LE DRAME DE VARENNES. Juin 1791, 46ᵉ édition.
L'AFFAIRE PERLET, 9ᵉ édition.
LE ROI LOUIS XVII ET L'ENIGME DU TEMPLE, 25ᵉ édition.
LA MIRLITANTOUILLE, 19ᵉ édition.
ROBESPIERRE ET LA MÈRE DE DIEU, 19ᵉ édition.
Les 18 volumes in-8º écu, reliés amateur avec fers.

*Mémoires et Souvenirs sur la Révolution et l'Empire, publiés
avec des documents inédits, par G.* LENOTRE :

LES MASSACRES DE SEPTEMBRE (1792), 34ᵉ édition.
LES FILS DE PHILIPPE-ÉGALITÉ PENDANT LA TERREUR (1790-
1796), 25ᵉ édition.
LA FILLE DE LOUIS XVI. Marie-Thérèse, Charlotte de
France, Duchesse d'Angoulême (1794-1799), 32ᵉ édition.
LE TRIBUNAL RÉVOLUTIONNAIRE (1793-1795), 35ᵉ édition.
LES NOYADES DE NANTES (1793), 30ᵉ édition.
Cinq volumes in-16 jésus, reliés amateur avec fers.

LA FEMME SANS NOM, 15ᵉ édition.
PRUSSIENS D'HIER ET DE TOUJOURS, 1ʳᵉ série, 13ᵉ édition.
1 volume in-16.
PRUSSIENS D'HIER ET DE TOUJOURS, 2ᵉ série, 7ᵉ édition.
1 volume in-16.
GENS DE LA VIEILLE FRANCE. Rêveries pour le temps pré-
sent sur des thèmes anciens. 18ᵉ édition. 1 vol. in-16.
MARTIN LE VISIONNAIRE (1816-1834), 13ᵉ édition. 1 vol. in-16.
BABET L'EMPOISONNEUSE... OU L'EMPOISONNÉE, 19ᵉ édition.
1 volume in-16.

A.-D.-J. GONZZE DE ROUGEVILLE

d'après un portrait inédit

LE VRAI CHEVALIER

DE

MAISON-ROUGE

A. D. J. GONZZE DE ROUGEVILLE

1761-1814

D'APRÈS DES DOCUMENTS INÉDITS

PAR

G. LENOTRE

PARIS

LIBRAIRIE ACADÉMIQUE

PERRIN ET Cⁱᵉ, LIBRAIRES-ÉDITEURS

35, QUAI DES GRANDS-AUGUSTINS, 35

1927

LE CHEVALIER DE MAISON-ROUGE

Alexandre Dumas n'a peut-être rien écrit de comparable, sous le point de vue du pittoresque et de l'intérêt dramatique, aux premiers chapitres du *Chevalier de Maison-Rouge*.

C'est une nuit de printemps de 1793. Paris est gardé par le peuple; les patrouilles circulent dans les rues; l'une d'elles rencontre une jeune femme — seule, marchant vite, tremblant d'être vue — et l'arrête. L'inconnue ne répond pas aux questions que lui posent les gardes nationaux; elle ne peut montrer sa carte de sûreté... c'est une suspecte. Tandis qu'on l'entraîne vers le poste voisin, un jeune municipal, élégant et de bonne mine, s'approche et demande la cause du tumulte.

La pauvre femme devine en lui un sauveur.

— Oh! Monsieur, lui dit-elle tout bas, si je vais à la section, je suis perdue!

L'officier est un patriote ardent, connu dans son quartier pour un irréprochable démocrate ; mais il a vingt-cinq ans, le cœur tendre et l'esprit chevaleresque. Il se fait le champion de l'inconnue, se porte garant de son civisme, pousse la patrouille dans la boutique d'un marchand de vins — argument sans réplique. — Puis, offrant son bras à la jeune femme, il lui propose de la protéger jusqu'à sa demeure.

Elle accepte, **car** elle a eu grand'peur : et les voilà tous deux marchant par les rues désertes : ils traversent toute la ville ; lui, sensible, galant, presque amoureux déjà ; elle, discrète, réservée, mystérieuse.

Quand ils sont ainsi parvenus **aux** confins du faubourg Saint-Victor, l'inconnue s'arrête :

— Monsieur, dit-elle, nous allons nous séparer pour ne plus nous revoir. J'habite à quelques pas d'ici et je puis regagner ma maison sans crainte de mauvaise rencontre. Vous m'avez sauvé la vie ; mais un immense intérêt est attaché à ce que personne ne sache qui je suis, et je dois vous demander une dernière faveur : vous allez fermer les yeux, et, quoi qu'il vous arrive, me promettre de ne pas les ouvrir avant que je sois éloignée.

Le municipal obéit ; tout à coup il sent les lèvres

de la jeune femme se poser sur les siennes et lui
glisser, dans un baiser, l'anneau d'or qu'elle a
détaché de son doigt. Il peut à peine retenir un cri
de surprise et de plaisir; mais il reste fidèle à sa
promesse....

Lorsque, quelques instants après, il rouvre les
yeux, la rue est déserte: la jeune femme a disparu.

Ce froid et rapide scénario ne donne, comme
l'on pense, qu'un bien pâle aperçu du récit dramatique et coloré d'Alexandre Dumas : il a eu
outre le tort grave de résumer une histoire que
tout le monde connaît, car qui n'a lu le *Chevalier de Maison-Rouge?* Mais, comme le roman de
l'illustre conteur est à la fois le prétexte et la raison d'être de cette étude historique, il nous faut
bien en retracer les grandes lignes et en remémorer
aux lecteurs les principaux incidents.

Maurice Lindey — c'est le héros de l'aventure
que nous venons de rappeler — à force de ruses
et de recherches, parvient à connaître le nom de
celle à laquelle il n'a cessé de rêver: elle s'appelle
Geneviève Dixmer. Il réussit à pénétrer chez elle ;
bientôt il devient le familier de la maison.

Oh ! le singulier ménage que ces Dixmer ! Le

mari, un riche teinturier, très occupé de ses affaires et fort peu de la politique, vit retiré au fond de ses ateliers, passant ses journées avec ses ouvriers et ses nuits dans son laboratoire, négligeant quelque peu sa jeune femme, à qui Maurice vient maintenant rendre visite chaque jour. Dixmer est d'ailleurs peu gênant: il ne se montre guère et vit assez mystérieusement. Non point que la Terreur qui pèse sur la France l'impressionne en aucune façon: il s'en soucie bien, ma foi! mais il emploie des marchandises de contrebande et il est très jaloux de ses secrets de fabrication. Il a pour associé un certain Morand, personnage étrange, savant chimiste, l'esprit toujours perdu dans quelque formule, les mains toujours teintes de pourpre ou de cobalt.

Ce Morand inquiète l'amoureux Maurice ; il a grand air sous ses impénétrables lunettes bleues ; il est instruit, travailleur, causeur agréable ; malgré l'indifférence qu'il affecte, on devine, à d'insaisissables indices, que son influence est grande dans le ménage Dixmer. Geneviève l'aimerait-elle ? Ce soupçon traverse si douloureusement le cœur de Maurice qu'il prend la résolution de fuir la maison Dixmer ; il saisit un prétexte et ne revient pas.

Le mari, que la présence de Maurice ne semblait pas offusquer, s'étonne de son absence. Il inter-

roge Geneviève ; elle rougit, elle hésite, elle bal-
butie ; elle avoue enfin, en femme honnête, qu'il
vaut mieux pour son repos que le jeune municipal ne reparaisse plus ; elle se sent prête à l'aimer,
elle a peur de lui et d'elle-même. Alors Dixmer
se révèle. Dissimulant la rage jalouse qui l'étouffe,
il rappelle à sa femme le but que Morand et lui-
même poursuivent...

— Geneviève, dit-il, nous sommes dans l'époque
des grands dévouements : j'ai donné à la reine,
notre bienfaitrice, non seulement mon bras, non
seulement ma tête, mais encore ma félicité. Je ferai plus que de lui donner ma vie, je risquerai mon
honneur... mais je vous connais, Geneviève, vous
êtes un digne et noble cœur. Je suis sûr de vous...

— Hélas ! gémit la pauvre femme, qui peut être
sûr des autres, quand nul n'est sûr de soi...!

— Il le faut... vous m'entendez ; il faut que ce
jeune homme revienne ici comme par le passé;
il est indispensable que cette maison soit la sienne ;
c'est à vous de savoir l'y rappeler et l'y retenir par
tous les moyens.

Et voilà comment Maurice Lindey reprit à la
table des Dixmer la place qu'un mouvement de
dépit amoureux lui avait fait abandonner.

Certain jour, Dixmer s'étant absenté pour affaires,

Morand dînait en compagnie de Geneviève et de Maurice ; en homme que les événements n'intéressent que par leur côté philosophique, il met la conversation sur la reine que Lindey voit souvent au Temple où ses fonctions l'appellent :

— Est-elle bien changée, demande-t-il ; que dit-elle ? comment supporte-t-elle sa détention ?

— La pauvre femme, soupire Geneviève, je voudrais bien la voir !..

— La voir ! rien n'est plus facile, reprend Maurice, heureux de satisfaire un caprice de celle qu'il aime ; venez me rendre visite jeudi au Temple ; j'y commande la garde pour vingt-quatre heures, je vous placerai sur le passage de la prisonnière au moment de sa promenade. Morand nous servira de chaperon.

Mais Morand ne se décide pas ; il a trop d'occupations ; ce serait une journée perdue. Maurice, dans l'espoir de passer quelques heures avec Geneviève, de traverser Paris à son bras, insiste, supplie, lève toutes les objections, si bien qu'au jour dit tous trois se dirigent vers le Temple où le jeune municipal va prendre son service.

En chemin une bouquetière présente au couple amoureux une gerbe d'œillets que le jeune officier attache à la ceinture de sa compagne. Elle est émue ; lui est radieux. Morand les suit d'un air ennuyé et distrait. On arrive au Temple. Lorsque les femmes Capet descendent au jardin, Marie-Antoinette, étonnée, s'arrête devant la jolie visiteuse, et, jetant un regard aux œillets, elle ne peut s'empêcher, avec un gros soupir, de murmurer: « Oh ! les belles fleurs ! » Geneviève détache son bouquet et l'offre à la prisonnière. Mais Simon, le savetier que la Révolution a donné comme précepteur au Dauphin, Simon fait bonne garde : il a des soupçons et des soupçons vite justifiés. Le bouquet contenait un billet ; les visiteurs ne sont venus que dans le but de faire évader la Reine: Morand n'est autre que le chevalier de Maison-Rouge, l'insaisissable conspirateur, le fidèle royaliste sur lequel la police, malgré ses efforts, n'est jamais parvenue à mettre la main: Geneviève et Dixmer sont ses complices. Maurice Lindcy a donné aveuglément dans le piège.

On sait avec quelle verve, quelles ressources d'invention Dumas conduit cette intrigue. La mystérieuse figure de Morand, ce chevalier de Maison-Rouge, qui aime la Reine d'un amour respectueux et muet, et qui s'est voué à sa délivrance ; le stoïcisme de Dixmer, qui, très épris de la pudique et

chaste Geneviève, la force à retenir le patriote dont
la présence est nécessaire au complot, tout cela est
conté... comme l'auteur des *Mousquetaires* savait
conter. Et ces divers éléments se combinent jusqu'à ce que, la Reine morte, Maison-Rouge se poi-
gnarde au pied de la guillotine. Maurice et Geneviève, condamnés à leur tour, montent ensemble
sur l'échafaud et meurent en échangeant un dernier serment d'amour.

Tel est ce roman célèbre; et tous ceux qui l'ont lu
se sont, sans nul doute, en fermant le livre, posé
cette question: qu'y a-t-il de vrai dans tout cela?

Ce qui fait à la fois le charme et le défaut des
romans historiques, c'est qu'ils mettent en scène
des personnages authentiques, et qu'ils les font
agir d'une façon purement fantaisiste, de sorte
qu'on ne sait plus quelle est la part de l'imagination et quelle est celle de l'histoire. Personne
n'ignore, par exemple, qu'en 1793 plusieurs ten-
tatives furent faites pour arracher Marie-Antoinette à sa prison; on connaît moins les noms de
ceux qui avaient conçu un si audacieux projet,
et telle est la popularité du roman de Dumas que
pour bien des gens les aventures du Chevalier de
Maison-Rouge synthétisent tous les dévouements

qui s'étaient donné pour but le salut de la reine.

Il n'en est rien ; Maison-Rouge n'est pas un personnage d'imagination : nous n'avons pas la prétention de faire ici une révélation inédite ; il suffit d'ouvrir un dictionnaire biographique au nom de *Rougeville* pour reconnaître que, sous le pseudonyme transparent dont il a revêtu son héros, Dumas a raconté, en les amplifiant, les exploits d'un homme qui a bel et bien existé. Ces courtes notices, tout incomplètes et erronées qu'elles soient, vous apprendront même que celui qui eut l'invraisemblable audace de pénétrer à travers mille dangers jusqu'à la reine prisonnière, ne laissa pas sa tête dans l'aventure. Échappé par miracle aux policiers du Comité de Sûreté générale il vécut jusqu'en 1814.

Voilà qui commence à piquer la curiosité. Comment ? à une époque où l'on condamne à mort les simples suspects, où l'on entasse dans les prisons des gens soupçonnés seulement d'avoir « médit » des assignats, où les plus riches financiers, les plus puissants seigneurs, les hommes politiques les plus influents ne parviennent pas à se soustraire à l'échafaud, un conspirateur, un aristocrate avéré, un noble se jette dans la mêlée, parvient à se faire ouvrir les portes d'une prison d'État, complote, s'expose, dupe les fonctionnaires, corrompt les geôliers, fait montre de ses sentiments royalistes, va, vient, circule, réunit des complices, se glisse dans le cachot de la reine et réussit, en fin de compte, à disparaître en temps opportun, à se terrer si habilement qu'il sort sain et sauf de la tourmente où tant d'innocents ont laissé la vie?... Il y a là une invraisemblance telle que le romancier lui-même n'a pas cru pouvoir la faire accepter, et qu'il a préféré, pour n'être point accusé d'écrire un conte à dormir debout, sacrifier son héros en le faisant se suicider pour sortir d'une situation inextricable.

Eh bien! le précepte du vieux Boileau est ici applicable: pour si invraisemblable que la chose paraisse, elle n'en est pas moins absolument vraie. Rougeville, qui fut de tous les royalistes celui qui peut-être se compromit le plus[1], survécut à la Terreur. C'est même cette période de son existence, de 1794 à 1814, qui nous semble présenter le plus d'intérêt.

D'abord, elle était restée jusqu'à présent absolu-

---

[1] On serait en droit de réclamer la priorité pour le baron de Batz, le glorieux émule de Rougeville, plus noble, plus actif, plus vraiment grand que lui ; mais Rougeville nous semble avoir mené à bien l'intrigue la plus difficile et la plus dangereuse en pénétrant dans le cachot de la reine, et c'est pour cela que, malgré les faiblesses de son caractère, nous le mettons au premier rang des conspirateurs royalistes de la Révolution.

ment mystérieuse; hâtons-nous de dire que nous ne sommes parvenu qu'à soulever le voile à demi · nous marchions sur un terrain si inconnu, si plein de surprises, resté forcément si inexploré, que nous avons laissé dans l'ombre, faute de lumière suffisante, bien des points qu'il eût été utile d'éclairer.

L'histoire ressemble à des décors d'opéra, représentant des palais solidement construits, aux robustes assises, aux perspectives nobles, et donnant dans toutes leurs parties l'illusion de la vérité. Si l'on voit le décor à l'envers, on s'aperçoit que tout est carton et toile peinte, que le granit et le marbre ne sont que simulés, et que le moindre portant, mis de travers, suffirait à détruire le trompe-l'œil. L'histoire, telle qu'on l'a écrite trop longtemps, est semblable, disons-nous, à ces décorations de théâtre, vues de la salle. Tout s'y présente dans un ordre parfait, tout y est logique et bien à sa place, tout y paraît solide et réel... à condition qu'on ne pénètre pas dans les coulisses, c'est-à-dire qu'on n'entreprenne point d'étudier les faits dans les documents authentiques entassés par monceaux dans les archives, car alors on découvre que ce monument n'est qu'en façade et qu'il ne tient debout qu'à grand renfort de ficelles et de chevilles

Nous connaissons, — à peu près — les effets ; mais, dans la plupart des cas, nous ignorons les causes Si des gens comme de Batz, Frotté, Peltier, Cadoudal, Pichegru et d'autres dont nous verrons les silhouettes apparaître en ce récit, avaient pu ou voulu écrire sincèrement, loyalement, sans réticence et sans pose, ce qu'ils savaient et tout ce qu'ils savaient, on peut considérer comme certain que leurs dépositions modifieraient absolument l'histoire officielle qui n'est faite que de ce qu'on connaît — peu de chose — et naturellement pas de ce qu'on ignore — presque tout !

Il se produit, pour les événements contemporains, que nous content chaque jour les gazettes, un phénomène singulier : les faits naissent quotidiennement, démesurément grossis d'abord ; on soupçonne des dessous ténébreux, on flaire de gigantesques intrigues, on promet des révélations écrasantes ; puis, au fur et à mesure de l'éloignement, il se produit une sorte de tassement, la perspective fait son office, les choses prennent une certaine forme avec laquelle on se familiarise, qu'on admet peu à peu, les uns par intérêt, les autres par lassitude. par besoin de nouveauté, et les faits finissent par être définitivement classés dans la mémoire de tous, sous un aspect si incomplet qu'il diffère tout à fait de la vérité. L'histoire les recueille en cet état et les expose dans son froid musée. Je ne désespère pas qu'un beau jour, si l'on parvient à lire toutes les pièces authentiques, à recueillir tous les vieuxpapiers qui dorment dans la poussière des greniers de province, à tout compulser, fouiller, classer, on prouvera que ce musée n'est qu'une galerie de trucages et que tout est à refaire.

Mais peut-être va-t-on penser que, dans ce modeste livre, nous avons si grosse ambition. Il n'en est rien et ces réflexions ne nous sont inspirées que par le dépit de nous être heurté, tout le long de notre travail, à l'inconnu et au mystérieux. Nous espérions, en l'entreprenant, tracer le tableau d'une époque : nous n'avons réussi à écrire que l'histoire d'un homme. Il est vrai que cet homme s'est, pendant toute sa vie, trouvé en lutte avec les policiers de la Convention, du Directoire, du Consulat, de l'Empire; son existence a été si mouvementée, si périlleuse, si remplie d'intrigues, qu'un illustre romancier en a fait le sujet d'un de ses contes les plus attachants. Et, si nous n'avons pas la prétention d'égaler en intérêt le roman dont cet homme est le héros, nous croyons cependant qu'on aura plaisir à connaître les aventures — sinon complètes, du moins vraies — auxquelles il fut mêlé.

LA FAMILLE GONZZE

Le marquis de Rougeville n'était **ni marquis,** ni noble : son nom même de Rougeville était usurpé.

On se figure généralement que, sous l'ancien régime, un titre et une particule impliquaient forcément la noblesse ; rien de plus faux : alors, comme aujourd'hui, bon nombre de bourgeois, par une sorte de travers assez inexplicable, ajoutaient à leur nom patronymique celui d'une terre ou d'un village, et jouaient au gentilhomme.

De nos jours on parvient ainsi à faire illusion. On est devenu tellement indifférent en France à tout ce qui se rapporte à la généalogie, les révolutions successives ont à ce point transfiguré l'ancienne société, les différentes monarchies qui se sont succédé depuis 1804 ont tant distribué de lettres de noblesse, que l'on ne saurait attacher grande importance au plus ou moins d'authenticité d'un titre. Dès qu'on a des chevaux, un hôtel, qu'on mène un certain train de vie, on se fait comte ou marquis ; le monde n'est point difficile et vous accepte pour tel sur l'étiquette. Autrefois il n'en était pas ainsi: un comte ou un marquis de contrebande ne trompait personne; certaines prérogatives étant attachées aux titres authentiques — prérogatives parfaitement justifiées à l'égard de familles qui depuis huit siècles servaient la France en guerroyant pour elle à leurs dépens, — il était d'une importance extrême de ne laisser aucun intrus se glisser dans cette classe privilégiée et profiter injustement des avantages dont elle jouissait. Les généalogistes de la Cour étaient les juges de ces droits nobiliaires ; ils étudiaient avec soin les *titulatures*, possédaient le secret de toutes les familles et décidaient des *présentations*, sorte de brevet accordé par le roi aux gens de haute noblesse. Telle était la règle et elle était inflexible. On prétend que, sous le règne de Louis XV, qui vit la fin de ces anciennes et respectables coutumes, il n'existait pas en France plus de quatre-vingt-quatorze familles dont la noblesse remontât au-delà de 1399. Toutes les autres ne comptaient que des anoblis pour services rendus à la Couronne. Mais le roi, en accordant par faveur ou par reconnaissance des lettres de noblesse, ne pouvait cependant créer à volonté des duchés, des marquisats ou des comtés héréditaires ; les ordonnances, rigoureusement suivies en cette matière, prescrivaient certaines conditions territoriales et féodales, inhérentes à la nature d'un domaine, difficiles à réunir et très indépendantes de la volonté royale impuissante à y rien changer. On ne pouvait, par exemple, créer un marquis héréditaire, à moins qu'il ne fût en possession d'un domaine *substitué* réunissant trois baronnies et six châtellenies mouvantes de la Tour du Louvre et tenues du roi à un seul hommage.

... Nous voilà loin, on va le voir, du *marquis* de Rougeville et, si ce préambule a paru fastidieux au lecteur, nous l'avons cru néanmoins indispensable, en ce qu'il va nous aider à saisir, dès l'abord, un côté du caractère de l'étrange personnage dont l'histoire fait le sujet de ce livre.

Il était fils[1] d'un cultivateur enrichi, intéressé

---

[1] Voici l'acte de naissance de Rougeville :
Paroisse Sainte-Croix d'Arras.

L'an 1761, le 17 septembre, je, curé soussigné, ay baptisé le fils, né du même jour, en légitime mariage de M. François-Joseph Gonsse, et de D⁷ˡˡᵉ Jeanne-Louise-Sophie Huret, auquel on a donné les noms d'Alexandre-Dominique-Joseph. Le parrain fut M. Jacques-Dominique Gayant, et la marraine D⁷ˡˡᵉ Jeanne-Magdeleine Huret, épouse de M. Pierre-François Le Roy qui ont signé :

F.-J. Gonsse.   J.-Dominique Gayant.
M. Huret.   Caron, curé de Sainte-Croix.

à la Ferme des eaux-de-vie et des grains de la province d'Artois [1]. Ce traitant s'appelait-il Gousse ou Gonsse? Ce point est douteux: c'est néanmoins cette dernière orthographe, adoptée par Rougeville lui-même, que nous accepterons.

Gonsse avait un parfum des plus roturiers ; Gonsse pouvait faire assez bonne figure, à condition de l'écrire Gonzze, comme ne manquait pas de le faire Rougeville, ce qui lui permettait de donner à son nom patronymique un pittoresque aspect espagnol : *Gonzza de Gonzzala.* Au surplus Gonzze peut être la véritable forme, et l'origine espagnole semble assez plausible, l'Artois ayant été pendant longtemps sous la domination de la maison d'Espagne.

Le père de notre héros avait donc amassé une fortune dans les spéculations de denrées ; jointe aux propriétés territoriales que lui avaient laissées ses ancêtres, cette fortune formait un patrimoine considérable. Rougeville ne manquait jamais de qualifier ses ascendants des titres pompeux des Seigneurs et vicomtes de Wetzamarles, de Marles, de Rougeville, barons de Mingoval, d'Athies, d'Hu-

---

[1] Le tenancier de cette ferme était un sieur Deladerrière, oncle de Rougeville.

mécourt et de Saint-Laurent... La vérité est que
les Gonzze, établis depuis plus de deux siècles en
Artois, possédaient une terre à Mingoval, commune aujourd'hui comprise dans le canton d'Au-
bigny, à vingt kilomètres de Saint-Pol. De père en
fils, ils faisaient valoir cette propriété qui s'était
augmentée successivement de plusieurs fermes
sises à Athies, près d'Arras, ou aux environs de
Montreuil, sur le territoire des paroisses de Marles
et de Us-de-Marles. Rougeville est le nom d'un
moulin situé aux portes de Valenciennes.

Ceux qui aiment à rechercher dans les aïeux
d'un personnage historique certains indices d'atavisme, pourront trouver dans la généalogie de
notre *marquis* une succession de faits dénotant à
la fois une race d'une vigueur physique peu commune et d'une puissance vitale vraiment extraordinaire. Son grand-père, Pierre-Marie-Joseph
Gonsse, né à Mingoval, en 1684, vécut cent ans,
sans aucune infirmité ; son bisaïeul, né en 1653,
n'avait jamais connu la maladie ou la décrépitude.
A l'âge de cent neuf ans, il faisait encore ses
quatre repas par jour, marchait sans bâton, montait
à cheval et mourut par accident en 1762. Il avait
épousé, le 15 juin 1681, Marie-Albertine Sauthy et
en avait eu quinze enfants ! Quant à son trisaïeul,

il était mort à quatre-vingt-dix ans dans sa ferme de Mingoval qu'il faisait valoir depuis les premières années du règne de Louis XIV

Comment Rougeville descendant d'une si belle lignée de robustes campagnards se trouva-t-il entiché de noblesse à un degré tel qu'on pourrait par moment le croire atteint de la folie des grandeurs? C'est là un point impossible à élucider et la chose est regrettable, car cette étrange marotte fut la boussole de toute son existence. Il y eut là un résultat de l'éducation reçue, une durable impression d'enfance excusable chez un jeune homme né de condition roturière et élevé, grâce à la fortune de ses parents, comme pouvait l'être le fils d'un gentilhomme destiné à une vie oisive et brillante.

Son père, spéculant, comme on l'a vu, sur les grains et les eaux-de-vie présentés au marché d'Arras, avait quitté sa terre natale de Mingoval pour venir habiter la ville. Devenu riche assez rapidement, il acheta un vaste terrain à Saint-Laurent, paroisse très voisine d'Arras, et y fit bâtir, vers 1775, un château où il comptait passer paisiblement sa vieillesse. Il s'y installa avec ses trois enfants, auxquels, dit-on, un jeune oratorien, de grand savoir et de haute intelligence, servait de précepteur ; cet homme s'appelait Joseph Lebon[1].

Le château de Saint-Laurent, s'il faut en juger par une annonce émanée de l'étude du citoyen Arnouts, notaire à Arras, rue Guillaume-Tell, ci-devant des Récollets, devait être le type des confortables gentilhommières, telles qu'on les entendait avant la Révolution.

A cette époque où les communications étaient malaisées, où, par suite, on sortait peu, on aimait à grouper autour de soi toutes les nécessités et les agréments de l'existence. Le père du marquis de Rougeville, en construisant le château de Saint-Laurent, l'avait aménagé de façon à y vivre largement, en propriétaire opulent, qui veut avoir sous la main sa ferme, son potager, une basse-cour bien garnie, une chasse giboyeuse et des étangs poissonneux. L'habitation élevait au haut d'une double terrasse sa belle façade de pierre à l'italienne ; elle contenait au rez-de-chaussée deux vestibules, une salle à manger, un grand salon de réception et un

----

[1] Ceci n'est probablement qu'une légende inventée par Rougeville lui-même. Lebon, né en 1765, était plus jeune que les enfants du châtelain de Saint-Laurent ; néanmoins comme ses étonnants succès au collège des Oratoriens d'Arras lui avaient fait une sorte de célébrité précoce, au point qu'en 1781, à seize ans, il présidait l'Académie du collège, comme Lebon était externe et pauvre, il n'y a rien d'impossible à ce qu'il eût utilisé ses loisirs à donner des leçons.

salon de compagnie, des cuisines, des dégagements, des offices et quelques chambres d'amis. Un bel escalier à rampes de cuivre et de fer doré conduisait au premier étage où se trouvaient plusieurs appartements de maître, lambrissés de boiseries sculptées.

A droite de la cour d'honneur se massaient les logements du fermier, du jardinier, du concierge, les remises, les écuries, le poulailler, la laiterie, dominés par un haut pigeonnier très peuplé. Au bas de la terrasse s'étendait un beau parterre de fleurs et d'arbustes, décoré de statues et de vases, et accoté de deux boulingrins touffus. Plus loin se trouvaient un espalier et une treille, le verger, le réservoir à poissons, *la carpière*, et le grand potager qu'une longue avenue d'ormes de Hollande et une haie de charmille séparaient d'un petit bois de haute futaie, dont les ombrages bordaient deux longues pièces d'eau séparées par une digue plantée de tilleuls. Un kiosque chinois réflétait dans l'eau son dôme élégant, décoré à l'intérieur d'une fresque représentant *le sacrifice de Confucius*. Quatre-vingt-dix mesures de prairies et de terres de labour complétaient la propriété[1].

----

[1] Le château de Saint-Laurent appartient aujourd'hui à M. Prévost de Brébières, juge suppléant au Tribunal d'Arras.

C'est là que Rougeville passa son enfance. Il ne nous a pas été possible de réunir sur ses jeunes années des renseignements positifs [1]. Mais le peu que nous en savons nous permet de reconstituer, sans trop de fantaisie, les premières impressions de cette singulière nature.

Nous le voyons, dès l'enfance, rêvant de gloire, d'honneur, de combats... Élevé dans un château, fils d'un homme que sa fortune rendait l'égal de bien des seigneurs, il devait, dans sa morgue de petit provincial, s'imaginer qu'il ferait aisément à la Cour aussi bonne figure qu'à Saint-Laurent. La Cour ! ces mots évoquaient en son esprit une sorte de paradis accessible aux seuls élus, où la vie se passait en fêtes, en intrigues galantes, où les femmes étaient toutes jolies, où les hommes étaient tous braves, élégants et amoureux.

Il y avait alors un jeune prince dont on parlait beaucoup à Arras. C'était le comte d'Artois. Chaque année la chronique locale faisait espérer aux Arté-

---

[1] M. Barbier d'Arras, qui connaît à fond les hommes et les choses de l'ancien Artois, a bien voulu fouiller pour nous les archives d'' Pas-de-Calais, sans rien découvrir concernant les différents séjours de Rougeville dans sa ville natale. C'est à M. Barbier que' nous devons communication de l'acte de naissance et de l'inscription gravée sur une des cloches de Saint-Laurent, que nous donnerons ci-dessous. Nous lui en adressons ici tous nos remerciements.

siens que le frère du Roi viendrait bientôt visiter la province dont il portait le nom. En attendant l'auguste visiteur — qui ne se dérangea point, du reste — on ne tarissait pas sur son luxe, ses aventures, ses jockeys, ses duels ; on racontait qu'il ne voyageait jamais à moins de cent chevaux par poste, qu'il perdait en une nuit des monceaux d'or, qu'il dansait sur la corde raide aussi habilement qu'un acrobate de profession. Jusqu'au fond de la province ses excentricités d'élégance éblouissaient ; il possédait, disait-on, trois cent soixante-cinq paires de souliers et trois cent soixante-cinq boucles de pierreries, afin d'en changer chaque jour de l'année. Il envoyait à Londres des courriers spéciaux pour consulter des experts sur un coup de dé douteux ; il jouait la comédie devant les reines...

Ah ! ce fut une bien singulière époque, celle qui précéda immédiatement la Révolution ; on eût dit que le vieux monde était pris du désir de vivre vite, comprenant qu'il ne vivrait plus longtemps. et il s'échevela en une sarabande folle, s'éprit des aventures, rêva des sensations inconnues : jamais bouillonnement semblable n'agita une nation ; la fièvre gagnait jusqu'aux provinces les plus calmes et les plus guindées, une fièvre d'indépendance, de scepticisme et d'inédit.

Rougeville, moins qu'un autre, ne devait pas échapper à la contagion. Mais comment prendrait-il sa part à ce festival monstre où s'entraînait la société ? Comment devait-il conquérir sa place dans les rangs de ces jeunes seigneurs batailleurs et charmants, parmi lesquels l'appelaient ses goûts et son désir d'aventures, mais d'où l'excluait sa naissance ? Les événements allaient lui en fournir l'occasion.

On a dit [1], et tous les dictionnaires biographiques l'ont répété, que Rougeville s'était engagé dans les gendarmes de la garde du Roi, en 1775, et que, passé l'année suivante en Amérique, il y avait servi, de 1776 à 1783, en qualité d'aide de camp des généraux Lee et Washington. Or, en 1775, Rougeville avait *un peu plus de treize ans ;* en supposant même qu'un gendarme de cet âge ne semble pas une anomalie on peut aisément croire que Washington ne prit pas comme officier d'ordonnance un gamin de quinze ans. Les historiens auraient-ils donc, dès ce premier pas, été dupes d'une confusion ? Confusion volontairement établie peut-être par Rougeville lui-même, qui, toute sa vie, semble n'avoir eu qu'un but : s'assurer de brillants

---

[1] CAMPARDON, *Marie-Antoinette à la Conciergerie.* Renseignement fourni par M. Vatel.

états de service et se targuer de titres souvent imaginaires pour s'imposer à l'admiration de la postérité. Celui qui fut gendarme en 1775 nous semble avoir été son frère aîné, de plusieurs années plus âgé que lui, portant comme lui le prénom de Joseph, et qui, passé plus tard au service de l'empereur d'Autriche, périt en 1789 à Hungarische-Brood, en Moravie, des suites d'une chute de cheval [1].

Ce qui est vrai, néanmoins, c'est que la guerre d'Amérique allait permettre à Rougeville de se lancer dans la vie aventureuse qu'il rêvait et de se mêler enfin à ces brillants seigneurs de la Cour, de conquérir un grade qui, sa fortune aidant, ferait de lui leur égal, de tenter, en un mot, son trou dans la vie.

Nous n'avons pas à raconter ici par suite de quels événements les Colons de l'Amérique du Nord se révoltèrent contre la dure autorité de l'Angleterre qui les pressurait. Nous n'en retiendrons que ce qui a un rapport direct avec notre sujet. Les hostilités commencèrent en 1769 ; la province de Massachusets se déclara la première en insur-

---

[1] Outre ce frère, Rougeville eut une sœur cadette, Adélaïde-Françoise-Josèphe, née en 1770, mariée à Pierre Cardon de Flezard, chevalier de Saint-Louis.

rection; toutes les autres suivirent cet exemple, chassèrent les employés anglais et élurent des députés à un Congrès général. Le 4 juin 1776, le Congrès publia sa déclaration d'indépendance; entre autres doctrines on y remarquait les principes suivants : « Tous les hommes ont été créés égaux; ils ont été doués par le Créateur de certains droits inaliénables; pour s'assurer la jouissance de ces droits, les hommes ont établi parmi eux des gouvernements dont la juste autorité émane du consentement des gouvernés; toutes les fois qu'une forme de gouvernement quelconque devient destructive des fins pour lesquelles elle a été établie, le peuple a le droit de la changer et de l'abolir. »

On pense quel enthousiasme cette déclaration, fille de la philosophie française, excita parmi l'ardente génération d'alors : la nation demanda à grands cris la guerre contre l'Angleterre; la jeune noblesse, imbue des idées philosophiques et désireuse de secouer la honte de la guerre de Sept ans voulait rassembler des volontaires, équiper des vaisseaux et partir en masse pour l'Amérique. Le gouvernement tâchait de ramener le sang-froid, et il y serait parvenu peut-être si trois envoyés américains n'étaient venus à Paris pour solliciter les secours de la France. Ces trois hommes étaient Franklin, Arthur Lee et Silas Deane.

Il n'est pas utile d'apprendre aux Français de notre époque comment Paris reçoit les étrangers auxquels il veut faire fête. L'inoubliable spectacle que nous avons vu lors du récent voyage de l'escadre russe n'est pas un fait unique dans notre histoire; il s'était déjà présenté, il y a cent vingt ans, et précisément à l'occasion de ce voyage de Franklin. Ce fut le même enthousiasme, le même délire, les mêmes acclamations. La foule se pressait sur le passage de l'illustre savant ; on s'écrasait autour de sa voiture ; et les Parisiens, frondeurs de père en fils, y mettaient d'autant plus d'entrain que le gouvernement restait froid. Recevoir officiellement les ambassadeurs américains, c'était rompre avec l'Angleterre; aussi le ministre Vergennes ne les vit-il qu'en secret.

Tout à coup l'on apprit qu'un jeune officier, lassé de l'inexécution des promesses d'avancement dont le bernait le ministre, avait fait armer secrètement un navire : abandonnant sa femme et son enfant, il s'était embarqué avec cinquante autres officiers pour aller rejoindre Washington. Un de ses amis, tenu au courant du projet, crut devoir en avertir la famille ; vite on dépêcha courrier sur courrier vers Bordeaux, d'où l'on croyait que le départ devait s'effectuer ; mais le vaisseau était déjà en pleine mer lorsque les ordres de l'arrêter arrivèrent. Ce jeune officier se nommait La Fayette.

Rougeville était-il au nombre de ses compapagnons? C'est peu probable. La chose se passait au mois de mars 1777, et La Fayette n'aurait pas consenti, sans doute, à associer à son escapade un jeune homme de quinze ans, qui lui était parfaitement inconnu et qui ne pouvait, d'ailleurs, être en possession d'aucun grade dans l'armée.

Mais ce ne fut que partie remise ; l'exemple était donné ; chaque mois voyait partir un certain nombre d'enthousiastes pressés de se battre pour la cause de l'Indépendance américaine ; les événements ne marchaient pas alors aussi rapidement qu'aujourd'hui ; l'Amérique était à cinquante jours de nos côtes : la *Correspondance secrète* qui nous tient, pour ainsi dire jour par jour, au courant des lents incidents de cette guerre, signale, de temps à autre, un nouveau départ de volontaires.

Pendant cinq ans ils s'embarquèrent ainsi par petits groupes ; et, à la date du 18 février 1782, la *Correspondance* note encore : « Il partira, dans le mois prochain, un bel assortiment de jeunes gens de toutes conditions pour l'armée de Rochambeau ; nos jeunes seigneurs veulent tous faire les petits La Fayette. » Le 30 novembre suivant, l'Angleterre, renonçant à lutter contre les provinces révoltées et contre l'armée de quinze mille hommes que la France entretenait en Amérique, reconnaissait l'indépendance des treize États, et deux mois plus tard la paix était signée.

Il n'est donc pas possible, ignorant à quelle date s'embarqua Rougeville, de démêler le rôle qui lui fut assigné dans cette campagne. Ceux qui étaient partis des premiers assistèrent à bien des batailles, connurent bien des revers, eurent aussi la joie de nombreuses victoires ; mais était-il de ceux-là ? Étant donné son jeune âge, c'est douteux. Il ne prit probablement part qu'à la fin de l'expédition — il avait alors vingt ans — et c'est en imagination qu'il aura été l'aide de camp de Lee et de Washington, blessé, couvert de gloire, et doté d'une rente par le Congrès, toutes choses qu'il croyait fermement à force de les avoir répétées.

Il ne paraît pas, d'ailleurs, avoir tiré grand profit de cette première campagne : quand il rentra en France il regagna d'abord Saint-Laurent où il pensait sans doute que sa réputation l'aurait précédé. Chose étrange, son vénérable père, homme estimé

de tous, avait, pendant l'absence **de Rougeville,**
été pris de la marotte nobilière de son fils. Cette
indication nous est fournie par un témoin encore
vivant — il est vrai qu'il est de bronze, — l'une
des cloches de l'église de Blangy dont le châtelain
de Saint-Laurent fut le parrain. Sa filleule porte
gravée sur ses flancs l'inscription que voici:

« L'an 1781, je fus nommée Laurentine-Josèphe
par le Sr François-Joseph Gousse [1], Sgr de Wetz-
à-Marles, Marles en partie, Rougeville, Saint-Laurent, baron d'Athies et autres lieux; et par D[lle] Ma-
rie-Rose-Françoise Huret, épouse du Sr Martin-
François-Hilaire Deladerrière, bourgeois de la ville
d'Arras, mes parrains et marraines. »

Il paraît résulter de cette ronflante succession de
titres qu'avec la fortune était venu aux Gonzze le
désir de s'anoblir; ils le faisaient **en** ajoutant à
leur nom celui de toutes leurs terres, et leurs concitoyens leur passaient ce petit travers, puisque
l'on admettait qu'ils arborassent ce panache dans
les actes qui, sans être officiels, admettaient cepen-

---

[1] Le nom, nous le répétons, s'écrit, même dans les notes officielles, tantôt Gouzze, tantôt Gousse, tantôt Gonzze. Nous adop-
terons, pour notre récit, cette dernière forme, tout en laissant
subsister l'autre partout où nous aurons à citer une pièce où le
nom sera différemment orthographié.

dant, comme le baptême d'une cloche, **une** certaine publicité.

Telle était donc la situation de la famille Gonzze quelques années avant la Révolution.

Rougeville quitta bientôt Saint-Laurent qu'il jugeait une scène trop étroite pour le rôle qu'il se croyait appelé à jouer. Il vint à Paris. A l'entendre, il n'y réussit pas trop mal. Voici un bref résumé de ses états de service, tracé par lui-même, quelques années plus tard :

D'abord officier dans la légion de Soubise ;

Gendarme de la garde du roi ;

Réformé avec le brevet de capitaine de cavalerie ;

Ensuite lieutenant-colonel de cavalerie, en Amérique ;

Puis écuyer de Monsieur, fils de France, frère du roi ;

Colonel de cavalerie, breveté de sa Majesté ;

Chevalier de l'ordre royal et militaire de Saint-Louis ;

Chevalier de l'ordre de Cincinnatus.

Avec des indications aussi précises, rien ne semblait plus facile que de reconstituer la vie de notre héros depuis son entrée dans l'armée jusqu'à la Révolution du 10 août. Les dossiers conservés aux archives du ministère de la Guerre devraient nous servir à broder de quelques détails ce canevas si net, et nous étions assuré d'y faire une ample récolte de renseignements précieux sur la façon dont Rougeville s'était comporté dans ses différents grades.

Eh bien! ce Rougeville qui, nous l'avons vu, ne s'appelait pas Rougeville, ce marquis qui n'était pas noble, ne fut ni officier, ni gendarme de la garde, ni capitaine, ni lieutenant-colonel, ni écuyer de Monsieur, ni colonel de cavalerie, ni rien. *Son nom n'existe pas dans les contrôles* [1]. S'il servit, ce qui est douteux, ce fut sous un pseudonyme. D'ailleurs il avait certainement oublié son acte de naissance lorsqu'il se vantait d'avoir atteint, *avant la guerre d'Amérique*, le grade de capitaine de cavalerie. Né en 1761, il ne pouvait, en 1776, — voire même en 1780, — avoir obtenu les deux épaulettes.

Il ne figure pas davantage dans les annuaires de l'armée; l'*Almanach royal* ne le mentionne point comme faisant partie de la maison de Monsieur, frère du roi; enfin les répertoires de l'ordre militaire de Saint-Louis, publiés par MM. A. Mazas et Théodore Anne, fort complets en ce qui concerne

---

[1] Pas plus sous le nom de Rougeville que sous celui de Gonzze ou de Gousse.

les promotions du règne de Louis XVI, ne font mention d'aucun Gonzze ni d'aucun Rougeville. En supposant — ce qui est possible, étant données la difficulté et la minutie de semblables recherches — que son nom nous ait échappé dans l'une de ces listes, il n'en reste pas moins acquis qu'on ne le trouve nulle part au dépôt des dossiers de la Guerre, et l'on peut en conclure que Rougeville n'a jamais porté l'épée.

Mais alors un problème se pose : comment le verrons-nous bientôt, tenant à la cour une sorte de rang, se glissant dans l'entourage de la famille royale ? Comment expliquera-t-on qu'il ne soit désigné, en 1793, que sous le nom *du Chevalier de Saint-Louis*, et que la reine elle-même lui donne ce titre ? Cela reste mystère, et nous en sommes réduit aux suppositions en ce qui concerne son existence pendant les années qui précédèrent la Révolution.

Il est possible qu'il parvint à obtenir un emploi très subalterne dans les services de la maison du comte de Provence; nous avons quelque indice qu'il y remplit les fonctions de fourrier des écuries. Grâce à son aplomb, à sa fortune, à son esprit d'intrigue, il aura pu se lier avec quelques gendarmes du roi, ou quelque modeste officier de la garde de Monsieur ; grâce à ces relations, il se sera fait admettre dans cette petite phalange de défenseurs qui se groupèrent, dans les dernières année de la monarchie, autour de la famille royale ; sans doute acceptait-on, vu le péril urgent, tous les dévouements, d'où qu'ils vinssent. D'ailleurs Rougeville — il le prouva — n'était pas un homme à négliger : courageux, sans scrupules, habile, intrigant, coureur d'aventures, on pouvait l'utiliser à la seule condition de flatter sa vanité. Ce fut là, peut-être, tout le secret du rôle qu'il parvint à jouer.

LE CHEVALIER DU POIGNARD

On **ne** peut qu'admirer la façon vraiment géniale dont la Révolution fut mise en scène par ceux qui avaient intérêt à l'exploiter. Dans ce grand drame auquel assistait le peuple de Paris, spectateur passionné et naïf, et où les partisans de la Cour donnaient la réplique aux chefs du parti démocratique, ceux-ci avaient le talent *d'empoigner* leur public, de l'intéresser, de l'exciter, de l'émouvoir, de le faire haleter d'angoisse, de le mêler à l'action. Ils trouvaient des mots qui *portaient*, des tirades enflammées, des situations palpitantes. Oui, la pièce fut aussi bien jouée par ces grands acteurs, qu'elle le fut piteusement par la Cour : tandis que celle-ci gardait un rôle effacé et silencieux, eux, toujours en haleine, renouvelaient chaque jour le programme, imaginaient des intermèdes de circonstance entre les actes et surtout savaient donner la note juste, la note sonore et éclatante qui fait vibrer à l'unisson toutes les âmes.

La famille royale comptait encore, au commencement de 1791, de nombreux fidèles. On les eût nommés tout simplement les *Amis du Roi*, qu'une telle dénomination n'aurait que médiocrement frappé l'imagination populaire, mais on les désigna sous le titre de *Chevaliers du poignard*, et, tout de suite, cette dramatique dénomination évoqua pour le peuple l'idée d'une association ténébreuse et redoutable, d'un groupe de spadassins masqués, prêts à égorger traîtreusement, dans l'ombre, tous les amis de la liberté.

La légende fit son chemin; mais d'abord est-ce une légende? Exista-t-il des chevaliers du poignard? Oui, si l'on veut nommer ainsi tous les royalistes qui se groupèrent autour de Louis XVI autant par dévouement désintéressé que par devoir de leur charge. Nous reconnaissons que ces hommes étaient un obstacle avec lequel la Révolution devait compter; que leur fidélité, si elle devenait contagieuse, pouvait avoir sur les sentiments du peuple une influence gênante; ils étaient d'ailleurs difficiles à atteindre, puisqu'on n'avait à leur reprocher que leur attachement à la famille royale: aussi importait-il de les tuer *moralement*; un mot y suffisait: *Chevaliers du poignard*, et, tout aussitôt. l'impopularité leur fut acquise.

Quel fut leur nombre ? Ils étaient huit cents, dit l'un; cinq cents, avance un autre; deux cent cinquante, affirme un troisième: la vérité est qu'on l'ignore et qu'il semble difficile de le supputer exactement, ces gardes du corps volontaires ne formant pas, comme on voulut le faire croire, une association régulière, une sorte de franc-maçonnerie ayant ses épreuves et ses rites, mais, au contraire, un groupe composé d'éléments très divers et très variables, se recrutant au hasard des événements.

Il n'est pas bien prouvé, d'ailleurs, qu'ils aient eu un but. Entourer le roi, lui donner l'illusion d'une Cour, éviter à la famille royale le contact immédiat de la garde nationale chargée du service du Château, garde renouvelée chaque jour et souvent composée de gens grossiers ou mal intentionnés, telle fut d'abord la raison d'être de ce bataillon de gentilshommes ralliés autour de Louis XVI, comme des soldats autour du drapeau en péril; et si plus tard ils eurent à défendre effectivement leur maître, à prendre les armes pour sa sûreté, ils ne se soumirent à cette extrémité que

le jour où ils y furent contraints par les circonstances.

Il serait bien impossible de dresser aujourd'hui
une liste, même incomplète, de ces derniers serviteurs de la monarchie expirante. Si l'on voulait
cependant citer quelques noms, on devrait sans
doute mettre au premier rang M. de Villequier,
gentilhomme de la chambre, qui paraît avoir été
le chef, ou tout au moins le recruteur de cette
petite phalange. On pourrait nommer ensuite le
chevalier de Belbœuf, fils du procureur général,
de Lillers et Dubois de la Motte, capitaines de cavalerie, de Bertier, ancien premier avocat général
de la Cour des aides de Paris, de Chavigny, de
Becdelièvre, de Piennes, de Frondeville, de Mailly,
Gentil de Fombel, de la Bourdonnaye, Champin,
Fauget, Portier, Du Pecq, Godard de Douville,
Thévenot, La Combe, officiers pour la plupart, ou
anciens attachés à la maison du roi et des princes.

Rougeville, nous en aurons la preuve, s'était
enrôlé parmi les *Chevaliers du poignard :* la
reine elle-même l'avouera plus tard au cours d'un
interrogatoire subi à la Conciergerie [1]. Son dé-

---

[1] D. Il paraît que vous avez reconnu cet homme. Savez-vous
son nom ?

R. Je me rappelle de l'avoir vu souvent, mais je ne sais pas
son nom.

vouement le fit même remarquer de la famille royale et lui donna une certaine importance. Des faits d'une authenticité indiscutable nous le montreront, à la veille du 10 août, investi de la confiance particulière du roi et de la reine.

Pendant deux ans une seule idée — funeste et maladroite — semble avoir obsédé le cerveau de tous les royalistes restés fidèles, ils voulaient enlever le roi, fût-ce malgré lui, et le conduire hors de Paris. Dès le mois d'octobre 1790, les *Chevaliers du poignard* — nous leur laissons ce titre, puisqu'il est acquis à l'histoire — s'occupaient de cet enlèvement : ils avaient, dit-on, réuni dans ce but une somme de dix millions ; trois mille cavaliers dévoués devaient attendre Louis XVI à Neuilly : sous prétexte d'une promenade aux Champs-Élysées, le roi aurait rejoint cette escorte qui, en quelques heures, le conduisait à Rouen. Là, on devait mettre le pain à un sou la livre pour se concilier le peuple et faire

D. Dans quelle occasion l'avez-vous vu ?
R. Je l'ai vu aux Tuileries.
D. N'y a-t-il pas une époque remarquable où vous avez fait plus d'attention de lui ?
R. Oui, à l'époque du 20 juin 1792, il était dans la même chambre où j'étais.
(Archives nationales, W 297.)

enregistrer par le Parlement de Normandie, con-
convoqué à l'avance, la cassation de l'Assemblée
nationale et le rétablissement de l'ancien régime.

Le Comité de recherches, averti à temps, fit
avorter le projet. Le roi, d'ailleurs, n'en avait pas
été instruit, et La Fayette se chargea de lui apprendre le piège que ses maladroits amis lui ten-
daient. On prétend que Louis XVI pleura beaucoup et dit « qu'on le trompait toujours ». Puis,
son naturel violent reprenant le dessus, il se fâcha
et déclara « que le premier b... qui lui parlerait
de conspiration et de départ, il lui f... son pied
dans le ventre [1] ».

Notons qu'il faut, en rappelant ces incidents,
faire la part des racontars plus ou moins véri-
diques dont on prenait soin de nourrir l'imagination populaire ; il n'était pas mauvais, en effet, de
représenter Louis XVI comme étant la première
victime de l'exaltation de son entourage ; l'impopularité de cet entourage allait ainsi toujours en
grandissant; une fois isolé, le roi serait moins
difficile à abattre. L'affaire du 28 février 1791, si
évidemment préparée d'avance et grossie par la
presse jacobine, n'eut certainement pas d'autre but.

[1] Correspondance secrète publiée par M. de Lescure.

Ce jour-là, Paris apprit avec stupeur que les *Chevaliers du poignard* avaient résolu de massacrer la garde nationale occupant les postes du Château, d'enlever le monarque de force, de le poignarder même en cas d'insuccès et de mettre, pour en finir avec la Révolution, la capitale à feu et à sang ; après, on verrait.

Cette ridicule légende, niaisement combinée, eut cependant un retentissement immense. La ville en eut connaissance par un placard à sensation, que des crieurs payés clamèrent dans les rues [1]. « Tremblez, Parisiens ! y lisait-on ; quelle est donc l'implacable rage des aristocrates? On se perd dans ce labyrinthe d'intrigues et d'horreurs. Hier matin, sur le midi, à l'heure de la messe du roi, on a aperçu, dans les appartements du roi, aux Tuileries, un homme décoré de la croix de Saint-Louis, d'une taille très médiocre et habillé de noir, le trouble dans les yeux et ayant l'air de méditer quelque projet. Il allait et venait, et impatientait le suisse de service qu'il gênait et heurtait quelquefois dans ses allées et venues. Sa figure, son air, ses mouvements extraordinaires le font remarquer ; on s'approche, on se plaint que ses

[1] Détail de l'enlèvement du roi par 800 aristocrates, avec leurs noms et les horreurs qu'ils ont commises.

circuits et ses fréquentes promenades **dans** les appartements gênent le service : il dit alors avec assurance : « Je suis chez le roi, je suis fait pour y être, et le roi seul a le droit de m'en interdire l'entrée..... » On le serre de plus près, on aperçoit une certaine gêne dans son bras gauche, comme s'il avait eu quelque chose dans la manche de son habit et qu'il eût craint de le laisser toucher. On le suit, on l'observe longtemps... Enfin on a trouvé sous son habit un poignard, et deux pistolets dans ses poches. »

Si l'histoire est vraie, cet homme si plein d'assurance, *décoré de la croix de Saint-Louis, de taille très médiocre, aux regards troublés,* nous paraît ressembler beaucoup à quelqu'un de notre connaissance. Serait-ce Rougeville? Une pareille algarade est si bien dans son caractère que nous serions disposé à le croire ; mais ce n'est là qu'une supposition gratuite. L'incident, du reste, se réduisit à bien peu de chose. Le roi, averti, se rendit en personne dans les antichambres où la scène s'était passée ; pour y mettre fin il donna l'ordre qu'on priât les personnes entrant au château, ou en sortant, de déposer les armes qu'elles pourraient avoir sur elles, et qu'on fouillât les récalcitrants. On arrêta quelques anciens militaires qui se refusèrent à subir cette visite, on les conduisit à l'Abbaye et l'on ne trouva sur eux aucune arme : ce qui fit supposer que les Chevaliers du poignard, pour échapper à la consigne donnée, s'étaient réfugiés en masse sous les toits, où ils disputaient un asile aux chats du Palais. Jusqu'au 10 août, c'est-à-dire pendant dix-huit mois, bien des badauds furent convaincus que les greniers des Tuileries regorgeaient d'aristocrates armés jusqu'aux dents, prêts à fondre sur le peuple au premier signal et à le massacrer sans merci. Néanmoins la nouvelle était lancée, elle fit son chemin : comme à un mot d'ordre, les placards furent répandus à foison. On criait : *le Récit exact de ce qui s'est passé aux Tuileries... Détail de l'affreux complot... Liste des aristocrates conjurés...* On vendit des images populaires dont les légendes sont des chefs-d'œuvre de flagornerie à l'adresse du brave peuple qui venait de découvrir une trame si odieuse : *Triomphe de la garde nationale. Un grand nombre d'aristocrates se trouva dans les appartements lundi soir ; la garde toujours surveillante, s'apercevant de tous les mouvements de ces messieurs, et qu'ils étaient armés, leur enjoignit de vider leurs poches.* Même l'on fit une gravure représentant la *Forme exacte des infâmes poignards dont étaient*

armés ceux qui ont été souffletés, arrêtés ou chas-
sés des Tuileries par la garde nationale [1].

On le voit, l'irritation du peuple était soigneusement attisée ; le déplorable malentendu, né aux premiers jcurs de la Révolution entre le parti de la
Cour et les démocrates ne faisait que s'accentuer,
et les deux camps se regardant désormais comme
irréconciliables, il convient de dire que, de part et
d'autre, la méfiance avait quelque raison d'être.
S'il est hors de doute que, dès cette époque, le
parti révolutionnaire souhaitait la destruction de
la monarchie, il est non moins vraisemblable qu'au
nombre de ces Chevaliers du poignard qui avaient
fait le sacrifice de leur vie pour la défense de la
cause royale, se trouvèrent quelques exaltés peu
scrupuleux sur le choix des moyens. Est-il vrai,
par exemple, que quelques-uns d'entre eux, à la
tête desquels se trouvaient Thévenot et la Conche,
louèrent la cave d'une maison voisine des Jacobins et entreprirent de creuser une mine jusque
sous la salle du club? Trente hommes armés de

---

[1] Voir au cabinet des Estampes de la bibliothèque nationale,
collection Hennin, les n°⁸ 10.912 à 10.916. On publia plus tard
« estampe représentant le signe de ralliement des Chevaliers du
poignard dans la journée du 10 août 1792 aux Tuileries. Elle a
été gravée sur un modèle ensanglanté trouvé sur le nommé de
Villers, l'un des Chevaliers du poignard tué dans cette journée ».
Cette pièce porte le n° 11.223 de la collection Hennin.

gourdins devaient se rendre à l'une des séances, **y**
faire une motion importante, susciter une émou-
vante discussion dont l'écho devait avoir pour
effet d'attirer aux séances suivantes un public très
nombreux. Thévenot et la Couche auraient profité
de cette circonstance pour mettre le feu à la mine
et faire sauter à la fois tous les Jacobins de Paris. [1]

Ce projet nous paraîtrait digne d'être relégué
au nombre des bourdes ridicules dont on fouettait
l'imagination populaire, si une entreprise à peu
près semblable — et parfaitement authentique
celle-là — n'avait été combinée, non plus cette
fois à l'adresse du club des Jacobins, mais bien
à celle de l'Assemblée nationale elle-même. Rougeville était l'auteur de cette odieuse invention; il
s'en est vanté plus tard [2], et son aveu ne saurait
laisser aucun doute.

C'était la coutume alors, au cours de certaines
séances de l'Assemblée, d'admettre à la barre les
députations venues de tous les coins de la France
pour dénoncer des complots, témoigner de l'attachement du peuple au nouvel ordre de choses ou
offrir des dons patriotiques. La barre s'ouvrait, le

[1] Voir : Détail de l'affreux complot formé pour égorger en une
nuit tous les patriotes, faire sauter le club des Jacobins... etc.
[2] En 1794, dans son rapport à Metternich dont nous parlerons
plus loin.

président prononçait quelques mots et la députa-
tion traversait toute la salle du Manège aux applau-
dissements des députés.

Rougeville avait eu l'idée de mettre à profit cette
facilité : il devait, sous un déguisement, se présenter, poussant devant lui un tonneau, décoré de
rubans tricolores, rempli en apparence de monnaie
de billon provenant de la fonte des cloches de son
village, et dont il ferait offrande à la patrie...
Semblable cérémonie se faisait trop souvent pour
qu'elle pût éveiller en aucune façon les soupçons
de l'Assemblée.

Puis, quand il aurait été introduit dans le pré-
toire même, au pied de la tribune du président,
son intention était de mettre le feu « à une mèche
phosphorique » communiquant au baril plein, en
réalité, de poudre fortement comprimée, et qui, en
éclatant, devait réduire en poussière le Manège,
anéantir la réprésentation nationale et terminer
la révolution.

A la faveur de l'émoi causé dans Paris par un
tel événement, la famille royale gagnait Saint-
Cloud, et les soldats suisses, sur le dévouement
desquels on pouvait compter, coupaient, après son
passage, les ponts de la Seine. Rougeville savait
bien qu'il serait la première victime de cette stu-

péfiante machination; mais de ceci il s'inquiétait peu. Son fanatisme, ou peut-être son incommensurable ambition de faire parler de soi, lui avait donné le mépris de la vie.

Est-il besoin de dire que cet attentat resta heureusement à l'état de projet : le parti royaliste eût été à jamais déshonoré par un tel acte, et, si Rougeville le conçut, ce dont on ne saurait douter, ce fut moins dans le désir de le mettre à exécution que pour se poser lui-même en évidence et bien montrer que son héroïsme ne connaissait pas de bornes.

C'est par de telles hâbleries qu'il parvint à imposer [1] son encombrant dévouement à la famille royale. Il était de ceux qui, chaque jour, allaient au Château, se dépensaient en complots illusoires, et, il faut le reconnaître, contribuaient par leur

---

[1] Nous disons *imposer*, car la reine ne semble pas, même à l'heure où il se dévoua pour elle, avoir eu, à l'égard de Rougeville, grande sympathie. On remarquera plus loin avec quelle froide hauteur elle s'exprime sur son compte dans les interrogatoires qu'elle subit à l'occasion de l'affaire de l'œillet. Lorsqu'on lui demanda si l'inconnu qui avait pénétré dans son cachot n'était pas une personne dont elle avait intérêt à ne point parler. « Il serait bien malheureux, répondit-elle, que les gens qui m'intéressent m'aient frappée aussi peu ! » Et plus loin. — « Cet homme ne versa-t-il pas des larmes ? » — « Il pouvait être touché, *il pouvait en faire semblant*. » Rougeville eut soin de supprimer ces derniers mots dans la version qu'il donna des interrogatoires de Marie-Antoinette.

attitude à aveugler Louis XVI et à lui aliéner la population parisienne.

Le mauvais renom des Chevaliers du poignard grandissait toujours. Les gardes nationaux de service aux Tuileries ne se taisaient plus sur leurs agissements. Ils racontaient à tout venant que des spadassins se glissaient chaque jour chez le roi, par une porte secrète percée dans l'appartement de M. de Villequier [1].

Eh bien ! là, encore, la rumeur populaire disait vrai. Le hasard nous a fait rencontrer, dans les cartons des Archives nationales, un petit plan de

[1] Archives de la Seine. Partie municipale. **Période révolution-naire.** O. 106. Section du Louvre.

901. Arrêté nommant des commissaires chargés de communiquer a la section des Tuileries le rapport d'un citoyen d'après lequel tous les membres d'une société dite des Amis du roi, et composée de deux cents cinquante tant nobles que garde-corps du roi, de Monsieur et du comte d'Artois, ont été, le jeudi précédent, introduits sur l'ordre de M. de Villequier dans le château des **Tuileries** par un passage non pratiqué. 1er mars 1791.

902. Arrêté chargeant les mêmes commissaires de communiquer à la section le rapport d'un citoyen, d'après lequel, le jeudi précédent, vingt-cinq à trente personnes décorées de la Croix de Saint-Louis, et autres marques distinctives, sont entrées dans le château des Tuileries avec M. de Villequier à leur tête, par une porte donnant de chez M. de Villequier dans ledit château. Le même citoyen déclarant qu'il se fait journellement un rassemblement de plus de cinq cents personnes au château de Madrid dans le bois de Boulogne 2 mars 1791

l'appartement de M. de Villequier aux Tuileries, avec une modification permettant de passer directement de cet appartement dans le couloir desservant les petits cabinets du roi.

M. de Villequier occupait quatre ou cinq pièces prenant jour sur la cour au rez-de-chaussée ; on y pénétrait par un passage mettant en communication le Carrousel avec le jardin. La fameuse porte évitait donc aux personnes que Louis XVI désirait entretenir en secret le long parcours à travers l'escalier d'honneur, la salle des Suisses, les deux antichambres, la salle du trône et la salle du lit de parade, chambres d'apparat sans cesse remplies de courtisans, de gardes, de gentilshommes, de valets de pied et d'espions. Servait-elle, comme on l'a dit, à l'entrée des Chevaliers du poignard ?

C'est possible ; mais elle avait été percée dans un autre but. C'est par là que la famille royale, dans la nuit du 20 juin 1791, parvint à s'évader du Château, sans avoir à traverser les grands appartements toujours encombrés, et où la garde exerçait nuit et jour sa surveillance.

Rougeville s'est flatté d'avoir été tenu au courant du projet de fuite qui échoua si piteusement à Varennes. Nous n'en croyons rien. A l'entendre,

Louis XVI et Marie-Antoinette n'auraient pas eu
de plus intime confident que lui. Il est temps,
d'ailleurs, de lui laisser la parole: les pages que
nous allons citer semblent un chapitre détaché des
Aventures du baron de Trenck ; nous les donnons
cependant telles qu'il les écrivit — en supprimant
toutefois un emphatique et insignifiant discours —
nous réservant de rechercher ensuite ce qui peut
se trouver de vrai dans ces étonnantes gasconnades.

« ... Mes conseils n'ayant pu surmonter ceux des
ennemis de mon roi, c'est avec un douloureux
pressentiment que je vis l'époque de sa perte. Car
mes yeux pénétrants s'occupaient à contempler
tous les hommes qui entouraient le trône; j'en
démêlai les différents caractères...

« A l'époque de la fatale journée du 20 juin 1792,
j'eus l'occasion de faire sentir à Leurs Majestés
toute la conséquence de mes idées et de mes conseils par les dangers qu'ils ont encourus ce jour-
là, où ils me donnèrent carte blanche sur les
moyens les plus sages à prendre dans cette périlleuse circonstance, qui finit plus heureusement
qu'on avait lieu de s'attendre. Cette journée me
mérita de la part du roi et de la reine tous les

témoignages de gratitude et de satisfaction, et
M. de Choiseul-Stainville fut principalement
chargé, de la part de la reine de lui récidiver toute
sa reconnaissance.

« Je puis aussi me glorifier de la conduite que je
tins dans la journée du 14 juillet 1792. Leurs Majestés étaient dans les plus vives inquiétudes sur
la suite de cette sinistre journée ; après leur en
avoir fait moi-même, quelques jours avant, un
tableau déchirant (car je ne les flattais jamais),
je me suis empressé, la veille, de les rassurer par
les dispositions que j'avais prises de rassembler
un grand nombre de royalistes, lesquels avaient
fait le serment de ne point abandonner Leurs Majestés à tel péril que ce fût. Effectivement notre
contenance ferme et vigoureuse en a imposé aux
scélérats chefs de parti qui avaient peut-être des
vues et des projets destructifs. Nous conduisîmes
et amenâmes Leurs Majestés en triomphe. Cette
journée me mérita encore le contentement du roi,
et il eut la bonté de me dire, le même soir, à son
coucher devant toute la cour, que j'étais infati-
gable et qu'il m'avait bien des obligations. La
reine, le même soir, paraissait être inquiète sur
la suite de cette scandaleuse journée et le retour
de ces cannibales ; je l'ai rassurée en lui promet-

tant de faire l'observateur toute la nuit. En me donnant *le mot d'ordre elle eut la bonté de me dire aussi :* « *De grâce ménagez-vous, vous êtes précieux ;* » et, le lendemain jeudi, elle eut la générosité de me dire devant toute la cour : « *Grâce à vous, Monsieur de Rougeville, j'ai passé une nuit tranquille. Mais vous, vous ne dormez ni ne mangez.* »

« Le 30 du même mois, jour de l'arrivée des Marseillais, je ne craignis point d'assembler publiquement aux Champs-Elysées, cent cinquante des plus attachés à Leurs Majestés, les mêmes que j'avais requis, le 20 juin et le 14 juillet, de la section des Filles-Saint-Thomas et des Petits-Pères, afin de les engager à se multiplier, et de là venir camper dans le jardin des Tuileries pour s'opposer aux entreprises que pourraient faire au château les sans-culottes : « Voici, leur dis-je, l'occasion la plus favorable, gardes valeureux... »

« A peine avais-je achevé ces dernières paroles que le général Santerre est venu à notre rencontre, muni de deux pièces de canon ; à sa vue nous nous mîmes en ordre ; nous criâmes : « Vive le roi et la famille royale ; » on nous attaqua, nous nous défendîmes, mais il fallut céder par la force, et, après plusieurs de nous [1] tués et blessés, nous trouvâmes à propos de faire une sage retraite dont nous fûmes protégés, au pont tournant du Château, par les Suisses, d'après les ordres de Leurs Majestés.

« Depuis cette époque jusqu'au 10 août, je n'ai cessé de présenter à Leurs Majestés les dangers imminents qui les menaçaient..... en leur produisant les plans du Comité secret des Jacobins, suivant avec une constance imperturbable toutes leurs ramifications, en recueillant tous leurs projets. en saisissant tous les fils. C'est en ce moment que je dis avec intrépidité au roi et à la reine qu'il fallait nécessairement adopter l'un de mes plans ou que j'allais, pour les sauver, donner l'exemple du plus rare courage, dont la suite me faisait entrevoir les choses les plus flatteuses...

« J'ai un baril de poudre à ma disposition, e m'offre de le conduire moi-même à cette Assemblée nationale ; j'en aurai un autre rempli d'argent ; je me présenterai pour faire un don patriotique à la nation ; je me munirai d'une mèche

---

[1] « Il est un trait que je ne puis passer sous silence, un trait que mon cœur a besoin de citer. Plusieurs de nous se trouvèrent tués et on ramena les blessés au Château par ordre de Leurs Majestés. Quel spectacle plus touchant de voir prodiguer les secours hospitaliers par le roi et la reine, et les rappeler a la vie par les soins les plus empressés! » (Note de Rougeville.)

phosphorique, et, à cheval sur le tonneau comme Bacchus (au moment où vos Majestés seront à Saint-Cloud entourées de vos fidèles Suisses et après avoir eu soin de faire jeter bas les ponts adjacents), j'y mettrai le feu et, par cet exemple et cette destruction, j'épouvanterai tout le reste des usurpateurs...

« Mais, grand Dieu ! il était donc écrit dans la destinée que mes souverains devaient périr sur l'échafaud et par les mains des ennemis que je voulais à moi seul détruire.

« Le 10 août, journée exécrable pour les Parisiens ; tandis que je faisais conseiller au roi et à la reine de se réfugier à Saint-Cloud ou à Courbevoie, préférablement que d'aller à cette Assemblée nationale, j'étais aux Champs-Élysées avec un piquet pour couvrir la retraite du roi et de sa famille ; je ne vis malheureusement encore dans cette fatale journée que le triomphe des scélérats, par l'irrésolution de Leurs Majestés ; et j'ai été le malheureux témoin de voir égorger des hommes qui, par leur amour et leur fidélité pour leur roi, étaient venus se ranger sous mon commandement, dont je n'ai trouvé moi-même mon salut que dans la fuite, au travers des corps morts et au milieu d'une mousqueterie effroyable dont trois balles ont percé mon habit.

« Mais une nouvelle destinée m'attendait chez moi, si la précaution et la fidélité de mes domestiques ne les avaient fait venir à ma rencontre pour m'engager à n'y pas paraître, parce qu'un nommé Saint-Huruge m'y attendait pour m'assommer et s'était déjà emparé de mes effets et de mes chevaux. Ne m'ayant pas vu paraître ce jour-là, il ne douta pas que je n'étais victime de mon attachement pour mon roi. Mais ayant su que je m'étais réfugié à l'hôtel Dauphin, près l'hôtel Soubise, rue des Quatre-Fils, au Marais, il m'y fit arrêter le 16 août, d'où je parvins, le 28, à sortir de la prison par séduction et à prix d'argent, deux jours avant les assassinats du premier et du deuxième jour de septembre.

« Depuis ma sortie, je me suis constamment occupé, autant que j'ai pu le faire, sans compromettre Leurs Majestés alors détenues au Temple, à soutenir leur parti, relever le courage de ceux que la captivité de leurs souverains avait abattus et le massacre de septembre rendus pusillanimes, et tâcher d'en grossir le nombre ; j'ai de nouveau rassemblé les débris de ma fortune et les restes de ma force pour aplanir les difficultés [1]. »

[1] Archives nationales, F7, 6,413.

La simple lecture d'un pareil factum ne laisse
aucun doute sur la véracité de son auteur : Rougeville a voulu se poser en personnage et cherché à
faire croire que ses avis comptèrent pour quelque
chose dans les conseils du roi. Telle est l'impression première ; mais on ne peut jamais, quand il
s'agit d'un intrigant de cette force, affirmer ou nier
une chose en toute sincérité. On se tromperait en
acceptant pour vraies ses allégations ; on se tromperait encore en les repoussant.

Différents indices semblent, en effet, établir que
tout dans ce rapport n'est pas mensonge et vantardise : d'après le témoignage de Marie-Antoinette
elle-même, Rougeville resta, le 20 juin 1792, aux
côtés de la reine pendant toute la durée de l'occupation du château par la populace.

Les appartements de Marie-Antoinette étaient
situés au rez-de-chaussée des Tuileries, prenant
jour sur le jardin. En même temps que le peuple
envahissait le grand escalier du pavillon de l'Horloge et s'entassait dans les antichambres du roi,
une bande se dirigeait par le vestibule joignant le
pavillon de Flore, vers l'appartement de la reine.
On enfonça, à coups de hache, la porte de la première pièce où étaient rangés, derrière des para-
vents, les lits des gens de service : on fouilla et

retourna ces lits, on enfonça la porte de la salle de jeu, ensuite celle de la chambre à coucher de la reine, on se vautra sur son lit et l'on passa dans le cabinet voisin. Là, l'attroupement s'arrêta, vomissant mille imprécations contre Marie-Antoinette, disant « qu'il fallait l'avoir morte ou vive ».

La reine échappa à la fureur des émeutiers. Au premier tumulte, elle était montée, par un escalier dérobé, jusqu'à la chambre du roi ; de là, tenant le dauphin par la main, elle s'était réfugiée dans la salle du Conseil, donnant sur la cour. Elle y resta jusqu'à l'heure où, les portes ayant cédé à la pression de la foule, Santerre et Péthion donnèrent l'ordre d'ouvrir les portes de la galerie, pour que le peuple, tassé dans les antichambres au point qu'il ne fallait pas songer à le faire refluer par le grand degré, pût trouver un écoulement par l'escalier voisin du pavillon de Flore.

La Reine, protégée par la table à tapis vert[1] du

---

[1] Il n'est pas inutile de rappeler ici la courte notice que *la Biographie Universelle* consacre à Rougeville :

« A la journée du 20 juin 1792, il fut un de ceux qui contribuèrent le plus à sauver la reine. Étant monté dans sa chambre par un escalier dérobé, à la tête de 30 grenadiers du célèbre bataillon des Filles-Saint-Thomas, il plaça cette princesse derrière une grande table qui la séparait de la populace. La bonne contenance de ce secours inattendu imposa à Santerre lorsqu'il enfonça la porte, et la reine fut sauvée. »

Si nous citons ces lignes, c'est que le nom dont elles sont signées

Conseil. sur laquelle se tenait debout le jeune prince, assista donc au défilé de l'émeute. Elle était entourée d'un cercle de gardes nationaux auxquels étaient venus se joindre quelques députés royalistes.

« Faites place, leur cria Santerre, pour que le peuple voie la Reine. » C'est alors qu'un homme du peuple tendit à Marie-Antoinette un bonnet rouge pour en coiffer le Dauphin. Santerre, debout près de la table, faisait circuler la file et criait : « Regardez la Reine et le prince royal[1]. »

Cette scène pénible dura jusqu'à huit heures du soir. Il est évident que la Reine courut là un grand danger. Il suffisait d'un exalté pour occasionner, au milieu de cette foule excitée et fiévreuse, un incident dont les conséquences auraient pu être terribles. On peut donc croire que les rares défenseurs massés autour de Marie-Antoinette et du Dauphin étaient des gens absolument sûrs, exerçant une surveillance de tous les instants ; que la Reine avait

leur donne une certaine valeur. Eckard qui les a rédigées était l'un des témoins de la Révolution. Notaire à Sèvres de 1791 à 1800. ayant conservé pendant toute sa vie la passion des menus détails historiques, il passait pour posséder nombre de notes sur les hommes de la Révolution. Les travaux qu'il publia plus tard, et où il fait preuve d'un esprit critique rare à son époque, suscitèrent bien des colères. Il habitait rue Villedo Un jour de décembre 1839, il sortit de chez lui et ne reparut plus. Son corps entièrement dépouillé fut retrouvé deux mois après dans la Seine.

[1] RŒDERER, *Chronique de cinquante jours.*

sur eux une confiance illimitée, puisqu'elle remettait entre leurs mains, non seulement sa personne, mais encore le sort de son fils. Il est certain que toute la tactique de ce petit groupe consista à ne pas se laisser entamer, à ne laisser approcher de la table où se tenait le Dauphin nul individu inconnu ou même d'un dévouement douteux. Il composait une sorte de bataillon sacré, dernière ressource de la royauté, prêt à tirer l'épée et à mourir au premier simulacre de tumulte. Eh bien! Rougeville était de ceux-là. « Il resta près de moi, dit la reine, dans la chambre où je me tenais, tout le temps que j'y demeurai moi-même. » Et certes on peut en conclure que son dévouement était connu et apprécié, puisqu'on l'acceptait en une si grave circonstance.

Mais voici qui prouve mieux encore que son importance n'était pas un leurre. Sa conduite au 20 juin avait, sans nul doute, été remarquée de la famille royale, car nous avons trouvé dans ses papiers un imprimé signé de lui, et qui nous semble un document si curieux que nous en reproduisons ici la disposition typographique :

DE LA PART DU ROI

Messieurs les Ministres s'assembleront à *sept* heures *du soir* pour le Conseil, aujourd'hui *vendredi* 29 *juin* 1792./.

De Rougeville [1],

Ainsi donc voilà notre héros si bien entré dans la confiance de Louis XVI qu'il est chargé de réunir le Conseil des ministres [2]. Si on admet ce fait, l'intimité avec le roi dont il se targue devient vraisemblable. Et comment croire pourtant que cet homme qui, au moment même où ces événements se passaient, vivait irrégulièrement, comme on le verra bientôt, dans un hôtel garni, avec une femme dont il escroquait les économies ; qui n'était ni gentilhomme, ni chevalier de Saint-Louis, ni officier, quoiqu'il se donnât pour tout cela ; qu'on pouvait, sans lui faire tort, traiter d'aventurier et d'intrigant ; comment croire qu'un tel homme reçût les confidences suprêmes du roi et parlât avec lui sur le ton de la familiarité ?

[1] Les mots en italiques sont manuscrits. Le reste est imprimé. Archives nationales, F⁷, 6,413.

[2] Il reste l'hypothèse que Rougeville ait dérobé cet imprimé et l'ait rempli de sa main sans autre but que la simple gloriole, ou peut-être pour en faire montre à quelqu'un qu'il voulait abuser. On peut se demander, en effet, comment cette convocation est restée dans ses papiers.

On s'y perd, et maintes fois nous avons été sur le point d'abandonner l'étude de cette singulière figure, tant nous semblait décevante la recherche de sa véritable silhouette. Sa vie fut une perpétuelle comédie; il y joue toutes sortes de rôles, de si piteux et de si brillants qu'après avoir été sur le point de le siffler on se prend tout à coup à l'applaudir.

Ainsi, au commencement de 1793, à l'heure où l'on juge le roi, où les plus courageux n'osent pas élever la voix, il publie à ses frais et il répand dans Paris une brochure [1] où il plaide chaudement la cause de l'accusé et qu'il signe de son nom en l'accolant de cette épigraphe :

Des maîtres que le Ciel établit sur nos têtes
La chute ou les revers sont pour nous des tempêtes;
La sûreté publique à leur sort nous unit :
Dieu seul, quand il le veut les juge et les punit.

Le texte de cette brochure n'est pas à citer : c'est une longue et lourde élucubration sans intérêt ; mais l'auteur s'y montre royaliste exalté ; et, lorsqu'on songe au courage dont il fallait être doué pour imprimer, en janvier 1793, un tel appel à la

---

[1] *Réflexions morales et politiques sur le procès de Louis XVI, dédié à ma patrie*, par M DE ROUGEVILLE. A Paris, se trouve au Palais-Royal, seconde galerie de bois, n° 262.

clémence des conventionnels, on ne peut douter que Rougeville fût sincère ; son dévouement à la cause royale n'était ni intéressé ni simulé.

Au 21 janvier son rôle fut effacé : on sait que de Batz avait entrepris de sauver le roi, pendant le parcours du Temple à l'échafaud. Il avait réuni cinq cents conjurés qui, à un signal, devaient se jeter sur la voiture royale, enlever le condamné et le conduire jusqu'à Saint-Denis : on comptait sur un mouvement populaire et sur la complicité de Dumouriez pour faire le reste. Mais, le 21, dès deux heures du matin, le plus grand nombre des cinq cents affidés, dont les noms avaient été révélés à la police, furent réveillés par des coups frappés à leur porte, et deux gendarmes se présentaient chez chacun d'eux, avec ordre de ne point les perdre de vue et de les empêcher, par tous les moyens possibles, de sortir avant midi [1]. Rougeville faisait-il partie des complices du baron de Batz ? C'est probable. Il se cachait, d'ailleurs, à cette époque, pour échapper à un danger où ses opinions royalistes n'entraient pour rien. Nous avons encore à conter cette page peu flatteuse de son histoire, avant d'entamer le récit de la plus importante de ses aventures.

[1] Mémoires secrets du comte d'Allonville.

IV

BATAILLE DE DAMES

La mort de Louis XVI eut pour premier effet de paralyser pour un temps la Révolution. C'est un fait aujourd'hui acquis, émanant de relations d'une véracité indiscutable, que l'exécution du roi causa dans le peuple de Paris une stupeur profonde. Cette sombre journée du 21 janvier fut lugubre; ses lendemains ne furent pas plus gais: la ville eut de la peine à reprendre sa physionomie insouciante. On eût dit que cet événement, attendu, escompté depuis un mois, souhaité par les uns, redouté des autres, avait glacé tous les esprits. Il y avait deux ans que la lutte était engagée entre les deux camps; les révolutionnaires attaquant le roi sans trêve, s'acharnant à demander sa déchéance et sa mise en jugement; les royalistes le défendant, au contraire, avec un zèle souvent maladroit et illusoire, mais non sans courage. Dès

que fut tombée la tête royale, enjeu de cette gigantesque partie, une immense lassitude s'empara
des vainqueurs et des vaincus Ceux-ci, découragés, sans but, croyant peut-être la Révolution terminée par ce coup d'audace, semblaient abandonner la lutte ; ceux-là, effrayés de leur triomphe,
comprenant qu'il serait lourd à porter, regret-
taient presque d'avoir immolé celui qui leur servait de cible depuis si longtemps. Les deux partis
attendaient, s'observant.

Il y eut donc, non point une détente, mais une
accalmie plus apparente que réelle ; les passions
politiques paraissaient éteintes ; elles couvaient
sous la cendre : l'échafaud chômait ; mais on pro-
fitait de cette relâche pour faire des modifications
à l'instrument des supplices : lentement la Terreur
s'organisait.

Rougeville avait disparu. Après avoir habité jusqu'au 10 août 1792 l'hôtel garni des Tuileries,
rue Saint-Honoré, il n'y était point rentré après la
prise du château par le peuple. Il y avait oublié,
ou mieux, laissé en gage une femme avec laquelle
il vivait depuis plusieurs mois. Cela rassurait le
citoyen Rivette, principal locataire de l'hôtel et
créancier de Rougeville. Mais un jour — c'était
en octobre — Rivette s'aperçut avec angoisse que

les objets abandonnés par son locataire, et qui
étaient le nantissement de sa créance, disparais-
saient journellement. Il surveilla la femme, s'aperçut qu'elle sortait tous les matins en emportant
des objets soigneusement empaquetés. Plein d'inquiétude, il ne fit qu'un bond jusqu'au poste des
Feuillants, et requit l'intervention de la force
armée pour arrêter le pillage dont il était victime.
Une heure après, quatre hommes conduisaient
devant le citoyen Charbonnier, commissaire de
police de la section des Tuileries, l'hôtelier Rivette
et sa peu scrupuleuse locataire.

Elle se nommait Marie-Jeanne-Louise Le Maignen et appartenait à une famille d'Avranches,
honorable et aisée. Mariée jeune au sieur Lacouture, conseiller au présidial de Coutances, elle était
venue à Paris, en 1789, accompagnant son mari
qui, atteint d'une maladie grave, voulait consulter un célèbre médecin de la Faculté. Les deux
époux avaient loué un appartement rue de Bour-
bon-Villeneuve; mais Lacouture était mort presqu'en arrivant, et sa veuve, ayant pris goût à la
capitale, s'y était fixée, après un court voyage à
Coutances où elle était allée régler les affaires de
la succession.

Seule à Paris, elle s'était logée chez les dames de

Saint-Gervais, au Marais; elle y resta jusqu'à la fin de 1790, époque où elle fit la rencontre de Rouville; elle avait trente ans alors, et il semble que, dès l'abord, elle l'aima. Il était homme, d'ailleurs, à faire impression sur cette provinciale à qui pesaient le veuvage et l'isolement. Son titre de chevalier — il ne se donnait pas encore pour marquis — les hautes relations dont il faisait parade, sa vie aventureuse, la fortune de son père, tous ces avantages joints à un physique assez avenant[1], étaient bien faits pour flatter l'amour-propre et exciter le désir de la veuve d'un modeste magistrat de petite ville. Et, puis, comment résister à ce jeune gentilhomme, bien posé à la Cour, admis chez le roi, et fréquentant dans l'intimité de la reine? Aussi Louise Lacouture ne résista-t-elle pas longtemps; au mois d'avril 1792, nous la trouvons installée avec son *chevalier* à l'hôtel meublé des Tuileries.

Tout alla bien pendant quatre mois : la dame n'était pas sans ressources. Rougeville, qui, tout en conspirant, menait une vie de plaisir, avait de continuels besoins d'argent : l'aubaine lui parut venue à point.

---

[1] Le signalement de Rougeville est ainsi libellé : taille 5 pieds 1 pouce, cheveux et sourcils bruns, nez et bouche petits, menton rond, visage rond et marqué de petite vérole, front petit et yeux bruns.

Il éblouit, d'abord, sa maîtresse de la description de son château de Saint-Laurent, fit sonner bien haut la situation de sa famille, parla de son avenir politique, bref manœuvra si adroitement que la veuve Lacouture lui abandonna ses économies en échange d'une rente viagère de huit cents francs qu'il s'engageait à lui payer par trimestre.

Survint le 10 août. Nous aimons à penser que l'intérêt ne le guida en rien dans cette circonstance; ce qui est certain c'est que son amour pour sa compagne de hasard n'était pas bien violent, puisqu'après la bataille, présumant qu'on le croirait mort en défendant son roi, il profita de l'occasion pour déserter le foyer quasi-conjugal de l'hôtel des Tuileries, et disparut.

Louise Lacouture, s'estimant veuve pour la seconde fois, se désolait : plusieurs jours se passèrent sans qu'elle reçut des nouvelles du Chevalier. Dans la crainte de le compromettre, s'il existait encore, caché dans quelque retraite sûre, elle s'abstint de toute recherche. Mais, après avoir vécu du peu d'argent qui lui restait, elle se trouva sans ressources ; réduite à l'extrémité, elle déménageait clandestinement les vêtements ou autres objets mobiliers que son amant avait abandonnés, et c'est ainsi, nous l'avons vu, qu'elle fut amenée à comparaître devant le commissaire de police de la section.

La pauvre femme s'excusa comme elle put. Elle reconnut avoir effectivement soustrait les effets de Rougeville; elle avait, il est vrai, commis cette indélicatesse, « pressée par la nécessité de se substanter et de subvenir à ses besoins urgents », mais ce détournement ne pouvait en rien nuire au citoyen Rivette... attendu qu'une dame Darain avait depuis longtemps porté saisie-arrêt sur tous les objets appartenant à Rougeville [1]. Ce qu'entendant, Rivette prit le parti le plus sage: il retira sa plainte et mit à la porte sa débitrice insolvable.

Elle se réfugia chez une fille Agnès, ci-devant lingère de la maison de M. de Montpensier, demeurant cour des Fontaines, puis chez un sieur Boquet, 6, rue du Faubourg-Poissonnière, et tout de suite elle se lança à la recherche de son infidèle. Comment parvint-elle à le retrouver? Je l'ignore. L'amour la guida sans doute, car, sans l'intervention de ce dieu qui passe pour malin, elle n'y eut jamais réussi, Rougeville étant, on le verra plus tard, doué de la faculté de disparaître comme s'il eût possédé l'anneau magique de la légende. Pour leur malheur à

[1] Archives de la Préfecture de Police. Rapport de police: Section des Tuileries, n° 8.124.

tous deux ils se rencontrèrent. Louise Lacouture apprit que l'amant qu'elle pleurait habitait, en compagnie d'une jeune et jolie femme, un hôtel meublé de la rue des Quatre-Fils, au Marais [1].

Ceci se passait dans les premiers jours de mars 1793, au moment même où M. de Jarjayes, aidé de Toulan et de Lepitre, cherchait à sauver la Reine enfermée au Temple avec ses enfants et sa belle-sœur. Nous avons la certitude que Rougeville, s'il n'était pas du complot, était affilié du moins à quelque autre entreprise du même genre. Il paraît établi, en effet, qu'il eut à cette époque quelques rapports avec Jean-Benjamin de la Borde, ancien valet de chambre de Louis XV, devenu le banquier de Marie-Antoinette et qui paraît avoir fourni des fonds à quelques uns des fidèles qui s'étaient voués au salut des prisonniers du Temple. En outre, la façon *miraculeuse* (ce sont ses propres expressions) dont Rougeville se tira du mauvais pas où il s'était fourvoyé, montre bien que son concours était alors utile à quelqu'un ou à quelque chose. Il est certain d'ailleurs que, vers le même temps, les émigrés de Londres entretenaient à

[1] L'hôtel Dauphin qui prit pendant la Terreur le nom d'hôtel des Quatre-Fils.

[2] M. de la Borde avait quitté Paris et se cachait aux environs de Caen. Il fut guillotiné peu avant le 9 thermidor

Paris un grand nombre d'affidés, et il semble probable que Rougeville, par besoin d'argent, par amour des aventures, ou par sincère dévouement à la cause royale, avait su se faire admettre parmi eux. Tout cela, nous l'avouons, est assez obscur et ne repose que sur une série d'inductions et d'hypothèses ; mais on ne saurait s'étonner que de semblables complots aient été forcément entourés d'un mystère qu'aucune pièce authentique n'est venue, depuis lors, éclaircir.

On comprend combien Rougeville fut désagréablement surpris en se voyant découvert. Louise Lacouture venait se jeter à la traverse de ses projets, avec toute l'énergie d'une femme amoureuse. Il essaya d'abord de la calmer, prétextant un malentendu. Il lui jura que, le soir du 10 août, après avoir vaillamment concouru à la défense du château, il se disposait à regagner l'hôtel des Tuileries lorsque, dans la rue Saint-Honoré, il rencontra un homme qui lui donna le conseil de ne point rentrer, Saint-Hurugues — un des plus fougueux orateurs de clubs — s'étant établi en permanence à l'hôtel des Tuileries, guettant son retour pour le faire arrêter.

Puis, par une tactique devenue classique en pa-

reil cas, il simula à son tour la jalousie et accabla
de reproches son ancienne maîtresse : il feignit
de croire que Saint-Hurugues l'avait supplanté, lui
Rougeville, dans le cœur de Louise Lacouture; que
tous deux, pour se débarrasser d'un temoin gênant, l'avaient dénoncé comme royaliste militant;
c'étaient eux qui l'avaient fait enfermer à l'Abbaye,
d'où il était parvenu à sortir la veille même des
massacres de septembre.

— Maintenant, ajouta-t-il d'un ton solennel,
je vous ai pardonné... Mon cœur brisé ne désire
plus que l'oubli... Adieu, ne cherchez jamais à
me revoir !

La femme Lacouture, qu'un tel aplomb affolait,
prenait le ciel à témoin que ses sentiments n'avaient
point changé; que ce récit n'était que mensonge et
calomnie; lui restait inflexible dans sa dignité
d'amoureux offensé; il s'esquiva enfin, croyant être
délivré d'elle à tout jamais.

Comme il la connaissait mal ! Elle le suivit, s'in-
forma à l'hôtel de la rue des Quatre-Fils du nom
de la personne avec laquelle il vivait; elle apprit
ainsi que la nouvelle maîtresse de son infidèle
était une très jeune femme nommée Sophie Dutilleul. Sa rage alors ne connut plus de bornes. Un
jour, après s'être assurée que Rougeville était

absent, elle sonna à la porte de Sophie. On devine
la scène qui s'engagea entre les deux femmes.
Louise Lacouture jugea d'un coup d'œil que ses
charmes ne pouvaient rivaliser avec ceux de s
remplaçante, et sa colère s'accrut de cette pénible
constatation. Elle traita sa rivale de voleuse, de
fille perdue, de bien d'autres noms encore ; elle
réclama l'argent qu'elle avait prêté à Rougeville,
menaça de les faire arrêter, lui comme escroc, et
Sophie comme complice, pleura, cria, s'évanouit,
ameuta toute la maison. La femme Dutilleul, petite
Parisienne madrée, resta très calme, prenant la
chose de haut, demandant qu'on la débarrassât de
cette folle. La dispute se termina enfin ; Louise
promit de revenir et jura qu'on aurait de ses nouvelles.

Elle tint parole ; mais, lorsque, quelques jours
plus tard, elle se présenta rue des Quatre-Fils, on
lui apprit que le citoyen Rougeville et la citoyenne
Dutilleul avaient quitté l'hôtel et étaient partis
sans laisser d'adresse.

Le coup fut rude : Louise Lacouture comprit
qu'elle était jouée. Ayant soif de vengeance, elle
fouilla tout Paris, alla frapper à la porte de tous
les garnis, fréquenta le jardin des Tuileries, les

abords de la Convention, le Palais de justice, tous
les lieux publics où elle espérait pouvoir rencontrer Rougeville Elle ne recueillit aucun indice.
Alors, folle de rage, elle prit le parti de le dénoncer à la municipalité comme ancien officier du
roi, combattant du 10 août, certaine que la police
parviendrait bien à découvrir sa trace.

C'était une chose grave qu'une dénonciation en
mai 1793. Nous l'avons dit, la Terreur s'organisait,
car il ne faut pas croire que, dès les premiers jours
qui suivirent le 21 janvier, le peuple de Paris fût
mûr pour l'odieux régime qu'on s'apprêtait à lui
faire subir. Une certaine préparation avait été
nécessaire. On avait fait vibrer d'abord la corde
patriotique : tous ceux qui ne se félicitaient pas hautement du nouvel ordre de choses étaient censés pac-
tiser avec les ennemis de la nation, et alors avaient
été créées ces appellations de *suppôts de Pitt et Cobourg* qui devaient plus tard servir à envoyer tant
d'innocents à l'échafaud. Il fallait ensuite entretenir les Parisiens, race si nerveuse, si impression-
nable, mais si vite blasée aussi, dans un perpétuel
état de fièvre et de suspicion. Puis on avait fait table
rase de tous ceux qui, républicains sincères, bons
patriotes, acceptant les faits accomplis, gardaient

une certaine modération d'opinion et désiraient l'établissement d'une démocratie honnête, intelligente et pacifique; ces *tièdes* avaient été, dans l'administration, dans les municipalités, dans les sections, remplacés par des énergumènes à bonnet rouge, des jacobins éprouvés, des *purs*, dont les scrupules ne devaient pas être gênants et dont l'ignorance était un sûr garant de bassesse et de servilité. Le peuple, lui, resta toujours le même : confiant, léger, versatile, bon enfant et crédule; mais les *cadres* furent composés de meneurs sans aveu, sans pudeur, sans convictions, qui se chargeaient de conduire la foule et de lui imposer la soumission nécessaire : infime minorité qui, pendant dix-huit mois, fut la maîtresse de la France. On ne saurait s'expliquer autrement comment ce peuple, réputé si sensé, applaudit successivement les Girondins, les Hébertistes, les Dantonistes, pour se faire aussitôt une fête de leur chute ; comment il déïfia Marat et traîna ensuite son buste à l'égout; comment il acclama Robespierre et dansa le lendemain autour de son échafaud. Il ne se déjugeait pas, il obéissait aveuglément.

Ceci soit dit à son honneur, car, si l'histoire de la Terreur est riche en documents malheureusement irréfutables où le grotesque le dispute à l'odieux, c'est que le mot d'ordre était donné par des chefs de file imbéciles ou cruels. Et tels étaient ces municipaux, ces clubistes, ces espions, ces *commissaires nationaux*, seuls promoteurs des saturnales et des massacres qui ont déshonoré la Révolution.

Donc, afin de remplir les prisons et de préparer la loi des suspects, on avait ordonné : dénoncez, dénoncez ! Et tout le monde dénonçait : il est inouï de voir ce que Paris contenait de gens qui consentirent à se faire délateurs. Les cartons de nos archives sont remplis de rapports qui seraient comiques, si l'on ne savait quelles en furent les conséquences. C'est un commissaire de police qui arrête en un seul jour vingt et une femmes *parce qu'elles n'ont point de cocarde* [1]. Un autre fait détruire *deux pierres portant des signes de royauté* [2]. Voici un propriétaire qui s'inquiète et qui vient confier aux autorités *qu'il ne peut vérifier si les plaques de cheminées d'un de ses locataires qui est absent portent des signes de féodalité* [3]. C'est

[1] Archives de la Préfecture de Police. Section de là Butte-des-Moulins, 13,398.

[2] Archives de la Préfecture de Police. Section du Mont-Blanc, 12,233.

[3] Archives de la Préfecture de Police. Section des Amis de la Patrie, 13,365.

encore le compte rendu d'un transport chez un autre *particulier absent pour faire retourner les plaques de cheminées* [1]. Puis ce sont trois jeunes gens qui paraissent suspects parce qu'ils ne sortent jamais et *ne se mettent pas à la fenêtre* [2]. Plus tard, on dénoncera un chien dressé par son maître à aboyer contre les patriotes et à sauter pour les aristocrates, et la pauvre bête sera mise à mort par ordre d'un commissaire de police [3]!...

L'Administration se montrait surtout friande de délations d'un genre moins platonique. Elle ne pouvait douter de l'existence d'une vaste conspiration royaliste, tendant à la dispersion de la Convention, à la délivrance de la famille royale et à la proclamation du jeune Louis XVII; mais elle n'en pouvait saisir le fil; aussi tout rapport de nature à éclairer la police sur les agissements des conspirateurs était-il le bienvenu.

Dieu sait si ces rapports étaient nombreux ! L'un dénonçait un rassemblement mystérieux tenu dans les fourrés du bois de Boulogne [4]; l'autre révélait

---

[1] Archives de la Préfecture de Police. Section du Pont-Neuf, 13,454

[2] Archives de la Préfecture de Police. Section du Muséum, 10,364.

[3] *Histoire du tribunal révolutionnaire*, par A. CAMPARDON.

[4] Archives de la Préfecture de Police, 7,113.

l'existence d'un atelier clandestin où l'on fabriquait des uniformes avec des boutons portant les armes royales [1]. Celui-ci avait vu déposer « une malle très pesante dans une maison de campagne appartenant à un cousin de Dumouriez [2] ». Celui-là avait vent d'un conciliabule secret dans la rue Traversière [3]; on faisait une descente dans une maison où l'on croyait que les émigrés se réunissaient [4]; on fouillait le domicile du nommé Burgurieu, ci-devant abbé, où l'on disait que beaucoup de personnes, connues comme aristocrates, se réunissaient sous prétexte de jeu [5]; tout cela fournissait bien quelques pensionnaires pour les prisons, pâture à venir pour la guillotine, mais ne mettait en cause que des individualités; ce qu'il eût fallu saisir, c'était l'organisation même du complot; on n'y parvenait pas et le danger semblait d'autant plus menaçant qu'il n'était qu'entrevu.

[1] Archives de la Préfecture de Police. Section de la Butte-des-Moulins, 8,703.

[2] Archives de la Préfecture de Police. Section de la rue Beaubourg, 9,120.

[3] Archives de la Préfecture de Police. Section des Tuileries, 9,584.

[4] Archives de la Préfecture de Police. Section des Invalides, 11,330.

[5] Archives de la Préfecture de Police. Section du Muséum, 11,831.

On comprend donc que le rapport de la veuve Lacouture ait été bien reçu : ce Rougeville, ancien familier de la reine, ex-chevalier du poignard, décoré de la croix de Saint-Louis, devait être, à n'en point douter, un des chefs de la conspiration. En outre, la dénonciation venait à un bon moment : on était à la veille du 31 mai, la Révolution entrait en pleine fièvre, et la commune de Paris, désormais souveraine maîtresse, allait avoir besoin, pour faire excuser ses excès, d'en rejeter la responsabilité sur les aristocrates.

Ce qu'avait prévu Louise Lacouture arriva. Dès le 3 juin, Rougeville était découvert ; des espions de police signalaient sa présence hors de Paris, à Vaugirard, où il se tenait caché depuis plusieurs jours dans la maison de Sophie Dutilleul. Le lendemain, un peloton de municipaux se présentait pour l'arrêter.

La maison était vaste, flanquée d'un grand jardin et située presque en face de l'église du village : Sophie Dutilleul reçut les municipaux, feignit d'ignorer le but de leur visite, les laissa fouiller tout l'immeuble... Ils allaient se retirer sans avoir trouvé celui qu'ils cherchaient, quand le hasard le fit découvrir tapi au fond d'un placard — circonstance aggravante. On l'en tira, et, dès le jour même on l'expédia, ainsi que sa maîtresse, sous bonne escorte, au poste de police de la Mairie, établie alors dans les bâtiments du Palais de Justice qui avaient été, avant 1790, l'hôtel du Premier Président. On y convoqua aussitôt la veuve Lacouture et l'on procéda sans retard aux interrogatoires

Rougeville, questionné le premier, répondit avec assurance : il déclina ses noms, ses titres, et donna son adresse : *rue des Quatre-Fils, n° 11.* Il fit l'homme que la politique n'intéresse pas et dissimula, sans vergogne, ses sentiments royalistes, affirmant qu'il n'avait point servi depuis le commencement de la Révolution, qu'il avait rejeté les propositions qu'on lui avait faites d'entrer dans la garde du roi. Comme on avait trouvé sur lui le manuscrit d'un écrit aristocrate, il jura qu'il ignorait comment cette pièce se trouvait dans son portefeuille, mais qu'il soupçonnait fortement la citoyenne Lacouture d'y avoir glissé, pour le compromettre, ce pamphlet dont il la croyait l'auteur. La question la plus embarrassante était celle concernant la résidence, le serment et la carte de civisme ; mais il ne se troubla point, citant des dates et des noms : « A la fin de 1791, dit-il, j'ai produit les certificats de résidence qui m'avaient été délivrés par la section du Louvre, dans les bureaux du citoyen Laroche, ci-devant trésorier de Louis-Stanislas-Xavier Capet, rue Bergère ; depuis lors je n'ai pas cru être obligé de m'en procurer de nouveau ; j'ai constamment demeuré à Paris, rue du Vieux-Louvre, n° 13, puis à l'hôtel d'Angleterre, rue Saint-Honoré, de là rue du Bac, seconde porte cochère à gauche en entrant par le quai Voltaire, maison de la citoyenne Lagrange, ensuite au grand hôtel des Tuileries, rue Saint-Honoré, jusqu'au 16 août, et, depuis, dans ma demeure actuelle. »

Les citoyens Soulès et Froidure, administrateurs de police, qui dirigeaient l'enquête, lui demandèrent ensuite où il était le 10 août ; ce à quoi, Rougeville, payant d'audace, répartit que ce jour-là il n'était pas sorti de chez lui, ainsi que peut l'attester le citoyen Rivette, maître du grand hôtel des Tuileries ; qu'au surplus il était bon patriote ; qu'au mois de septembre dernier, comme il était malade, des commissaires de la section des Enfants-Rouges s'étaient présentés chez lui pour qu'il payât sa contribution patriotique, et qu'il avait profité de cette occasion pour prêter entre leurs mains et dans son lit le serment de maintenir la liberté et l'égalité, ce qu'il fit sans qu'il en fût dressé acte. Quant à la carte de civisme, ayant été alité jusqu'au mois de mars dernier, il n'avait pu s'en procurer, et, depuis cette époque, il avait toujours remis de jour en jour pour s'en procurer une. »

Toutes les réponses de Rougeville aux questions insidieuses des administrateurs sont celles d'un homme qui n'a rien de caché, dont la conscience est pure; sa vie, à l'en croire, est celle d'un sage dans une maison de verre. Il n'acquitte pas ses impositions, c'est vrai; mais c'est qu'il n'en a point à payer, ne possédant aucun revenu foncier ni mobilier : il vit d'une pension de 4,000 francs que lui fait son père, honorable vieillard habitant la province où il vit de son bien. On l'a trouvé dans une maison de la banlieue...? Mais c'est parce qu'ayant été rendre visite à la citoyenne Dutilleul, veuve qu'il connaît depuis trois ans, il a trouvé les barrières fermées et que, n'ayant pu rentrer dans Paris, il a demandé à son amie l'hospitalité pour une nuit. On s'étonne qu'il se soit caché à l'arrivée des municipaux? C'est bien simple : il est en butte depuis trois ans, aux poursuites de la femme Lacouture, qui « le persécute pour vivre avec lui », qu'il n'a cessé d'accabler de bienfaits, et qui habite encore actuellement dans un appartement garni de ses meubles à lui; lorsque les municipaux se présentèrent, entendant du bruit à la porte de la maison, il crut que cette femme venait le relancer jusqu'à Vaugirard, et alors il s'est caché pour éviter une scène désagréable.

Tout cela était limpide et ne pouvait éveiller l'ombre d'un soupçon. Il le jugeait du moins ; mais les administrateurs en jugèrent autrement, et ils opinèrent que, « vu l'interrogatoire ci-dessus, attendu que le citoyen Rougeville n'a pu justifier de sa résidence, de sa prestation de serment et de sa carte de citoyen, ce qui le rend suspect, il sera conduit aux Madelonnettes, pour y être détenu jusqu'à ce qu'il ait été autrement ordonné »...

La veuve Lacouture, mise ensuite sur la sellette, s'étendit longuement sur l'escroquerie dont elle se prétendait victime : elle déplora la perte de ses économies, détailla minutieusement les 8,000 francs qu'elle avait confiés à Rougeville, l'accusa de lui avoir pris ses bijoux, des boutons d'or, une montre et sa chaîne, pour les donner à *cette femme* avec laquelle il vivait ; même elle déposa entre les mains des administrateurs une petite cuiller à café pour qu'ils pussent s'assurer que toute son argenterie, marquée ainsi que cet objet — le seul qu'il lui avait laissé — d'un C, d'un L et d'un D, se trouvait chez sa rivale. On la mit aussitôt en liberté. Quant à la femme Dutilleul, elle confirma les dires de Rougeville et certifia que tous les objets de valeur se trouvant chez elle rui appartenaient en propre, ainsi qu'elle pouvait en justifier par la quittance de l'orfèvre et du tapissier. Elle fut relaxée le même jour [1].

Rougeville restait donc seul sous les verrous ; et ici se place un de ces faits étranges, inexplicables, qui viennent si souvent traverser son aventureuse existence. Au bout de huit jours, sans qu'on l'ait jugé, sans qu'il ait satisfait à aucune des formalités dont le défaut l'avait fait incarcérer, *il fut mis en liberté.* Pourquoi ? Comment ? Grâce à quelle influence ? Nous ne le savons pas. Lui-même a dit, plus tard, être sorti des Madelonnettes *très miraculeusement et par des particularités étonnantes ;* mais il ne s'est pas expliqué davantage et le laconisme des pièces officielles ne peut servir à nous guider. Le prisonnier était parvenu à se procurer, à prix d'argent, sans doute, un certificat émanant du citoyen Beugnes, principal locataire d'un immeuble de la rue Fromenteau, qui certifiait que Rougeville avait habité sa maison depuis le 27 fé-

[1]. Archives de la Préfecture de Police. Registre des interrogatoires.

vrier 1791 jusqu'à la fin de la même année, qu'il avait exactement payé ses loyers, et qu'il s'y était conduit de manière à se concilier l'estime et l'amitié des autres locataires. Ceci établit bien nettement que les administrateurs de police avaient reçu l'ordre d'être complaisants ; ce certificat était, en effet, faux, insuffisant d'ailleurs, et en contradiction flagrante avec les premières allégations du prévenu : on s'en contenta néanmoins ; Rougeville fut mis en liberté provisoire sous la caution de deux inconnus, un boucher de la rue du Sentier et un marchand d'étoffes de la rue Simon-le-Franc, à la charge de justifier, dans un délai d'un mois, de ses résidences successives, et de présenter, sous trois jours, sa carte de santé. Pure formule destinée à masquer sur le registre des interrogatoires ce que la mesure avait d'irrégulier.

Il n'en faut pas douter, Rougeville possédait le tout-puissant talisman qui ouvre la porte des cachots et impose silence aux fonctionnaires. En quoi consistait ce talisman ? Il s'en servit probablement pour se procurer les attestations de civisme nécessaires, car, deux jours plus tard, il se représentait volontairement devant les mêmes administrateurs de police et produisait une carte de sûreté, enregistrée sous le n° 2,374, folio 50, et un certificat de la section de l'Homme-Armé le déclarant excellent patriote.

Se sentant désormais inattaquable, il retourna vivre avec Sophie Dutilleul, dans la maison de Vaugirard où on l'avait arrêté. Là, sans doute, il continua à s'occuper du grand projet dont il devait bientôt tenter l'exécution, sûr qu'il ne serait plus dérangé dans ses préparatifs.

La veuve Lacouture n'abandonnait point cependant la partie. Toujours amoureuse, toujours jalouse, toujours désireuse de recouvrer son argent, ne comprenant point, d'ailleurs, comment sa dénonciation avait pu si complètement avorter, elle poursuivait son but avec entêtement. D'abord, elle écrivit à son infidèle, en mettant comme adresse sur l'enveloppe :

A Monsieur de Rougeville,

cy devant de la maison du Roi, chevalier du poignard, chargé par Monsieur de faire la contre-révolution en France, tenant un groupe chez lui à Vaugirard,

chez la citoyenne Dutilleul.

Elle jetait ses lettres dans les boîtes de la petite poste. espérant ainsi réveiller les soupçons de la police ; mais la police avait sur les yeux un bandeau : elle ne s'émut pas. Alors Louise Lacouture vint en personne ameuter le village. Voulant fixer l'attention des autorités de Vaugirard, elle chercha à soulever contre l'aristocrate un mouvement populaire ; à l'en croire, c'était chez Sophie Dutilleul que se tenaient tous les complots contre-révolutionnaires : elle fit tant et si bien que les citoyens composant la municipalité se décidèrent à agir... mais non point dans le sens qu'elle avait espéré. Rougeville ne fut pas inquiété ; ce fut sa délatrice qu'on chassa de la commune avec menace de la faire incarcérer si elle osait s'y représenter !

Le chevalier du poignard semblait être devenu inviolable. Et c'est alors qu'il entreprit de mener à bonne fin l'étonnante intrigue à laquelle il doit toute sa renommée. Jusqu'à présent il s'est montré sous un jour assez défavorable. Viveur, indélicat, hâbleur, sans aucun esprit de conduite, il resterait un personnage peu intéressant si les événements que nous avons à conter n'étaient là pour lui faire une sorte d'auréole. Quoi qu'on pense de son caractère, on ne pourra s'empêcher de reconnaître qu'avec un courage inouï, encore qu'un peu bruyant, il s'est jeté dans une aventure capable de faire reculer les plus audacieux ; et, soit qu'il fût

bien dirigé ou bien secondé, soit que l'extrême
danger le rendît circonspect, il montra, dans les
circonstances que nous allons dire, tant de sang-
froid et d'habileté qu'on aura peine à reconnaître
dans le héros de l'affaire de *l'œillet* le conspirateur
léger et brouillon que nous avons jusqu'ici tenté
de faire connaître.

V

L'ŒILLET

Le 2 août 1793, Marie-Antoinette fut transférée du Temple, où elle était prisonnière depuis un an, à la Conciergerie, où elle devait rester pendant soixante-seize jours.

La fameuse prison du Palais n'avait point, comme aujourd'hui, son entrée sur le quai de l'Horloge. On y pénétrait en passant sous l'arcade qui, dans l'angle nord de la cour du Mai, donne accès à une petite cour en contre-bas. Par le premier guichet [1], on pénétrait dans une salle, l'avant-

---

On appelait guichet une porte percée dans une plus grande et garnie, dans le bas, d'une sorte de marche en pierre, de façon à ce que, pour y passer, on était obligé à la fois de lever le pied et de baisser la tête. Cette précaution empêchait un homme de s'enfuir en courant, obligé qu'il était de ralentir son allure pour ne point trébucher dans la marche et pour éviter de se briser le front contre le cadre de la porte. C'est à un guichet de ce genre que, suivant la tradition, Marie-Antoinette se frappa le front en montant au tribunal.

Fenêtre de la chambre du Conseil.
Premier cachot de Marie-Antoinette.

LA COUR DES FEMMES A LA CONCIERGERIE. — État actuel (1894)

greffe, — récemment transformée en buvette pour les avocats, — où se tenait, dans un grand fauteuil à oreillettes, derrière une table, le concierge Richard, l'homme important de la maison [1]. A gauche de cette pièce s'ouvrait le greffe, où se faisaient les inscriptions et les levées d'écrous; c'est là que, séparés des commis par une grille, les condamnés à mort attendaient — parfois pendant une nuit tout entière — l'heure d'être portés à l'échafaud. Un second guichet, puis un troisième fermaient un corridor noir qui servait d'antichambre à la prison, et il y en avait plus loin un quatrième muni d'une forte grille encore existante, au-delà duquel on se trouvait dans le corridor central de la Conciergerie, prenant jour par de larges baies sur la cour des Femmes, espèce de puits de forme irrégulière, dominé de tous côtés par les colossales constructions du Palais. Entre le troisième et le quatrième guichet, un corridor sombre s'enfonçait à gauche, conduisant à une pièce carrée, éclairée sur la cour des Femmes par deux croisées basses presqu'au niveau du sol. Cette pièce s'appelait la *salle du Conseil* des guichetiers. Elle servait en juillet 1793

---

[1] Sous l'ancienne monarchie le concierge du Palais était un personnage et avait l'honneur d'être inscrit à l'*Almanach royal* à la suite de MM. du Parlement.

de cachot au général de Custines ; c'est celle qu'on montre aujourd'hui comme ayant été, en 1815, le théâtre de l'entrevue fameuse de Mme de Lavalette et de son mari condamné à mort, entrevue à la suite de laquelle celui-ci s'évada de la façon que l'on sait [1].

Donc le 1er août, dans l'après-dîner, Mme Richard, *l'épouse* du concierge, qui jouait à la Conciergerie le rôle de l'hôtesse dans une maison meublée, Mme Richard dit à sa bonne : « Rosalie, cette nuit, nous ne nous coucherons pas ; vous dormirez sur une chaise ; la reine va être transférée du Temple dans cette prison. » Et tout aussitôt on s'occupa d'approprier et de meubler la *chambre du Conseil*. On trouva pour Custines un autre local, on alla chercher chez le tapissier Bertaud, cour de la Sainte-Chapelle, un lit de sangle, deux matelas, un tra-

---

[1] M. Dauban et, après lui, M. Potet ont renoncé a désigner l'emplacement de la *salle du Conseil* qu'ils supposent avoir été détruite dans les divers remaniements subis par la prison. Je n'hésite pas cependant à croire que cette pièce n'était autre que celle appelée, aujourd'hui encore, *le cachot de Lavalette* et qui sert de cantine à la prison. La salle du Conseil se trouvait en effet *au rez-de-chaussée*, était éclairée sur la cour des Femmes par deux *petites fenêtres presque aussi basses que le pavé* ; on y accédait par *un corridor sombre ;* en outre, elle était forcément *assez rapprochée du greffe*, puisqu'après l'affaire de l'œillet on logea la reine dans un cachot voisin de la chapelle pour *l'éloigner* de l'entrée de la prison. Pour qui connaît la Conciergerie, une seule pièce réunit toutes ces conditions, et c'est, à n'en point douter, la chambre dite : cachot de M. de Lavalette.

versin, **un** oreiller, une couverture légère et une
cuvette. Mme Richard mit elle-même au lit ses draps
les plus fins et son linge le plus blanc ; on plaça
au milieu du cachot une table, l'on rangea deux
chaises de paille contre le mur que tapissait une
toile grossière tendue sur des châssis, **et l'on**
attendit l'arrivée de la reine.

Vers trois heures du matin, Rosalie dormait dans
un fauteuil. Mme Richard, la tirant par le bras, la
réveilla précipitamment : « Allons, allons, disait-
elle, prenez ce flambeau, les voici qui arrivent. »
Rosalie descendit[1] en tremblant et, à travers les
couloirs, suivit sa maîtresse jusqu'à la chambre
du Conseil. La reine y était déjà ; quelques officiers et administrateurs, au nombre desquels était
le limonadier Michonis, municipal chargé de l'inspection des prisons, se tenaient debout dans la
chambre et se parlaient à voix basse ; plusieurs
gendarmes obstruaient le corridor. Le petit carlin
de la reine tournait, inquiet, autour de sa maîtresse.
Le jour commençait à poindre[2]. Il faisait une cha-
leur étouffante ; le visage de la prisonnière était
couvert de gouttes de sueur qu'elle essuya deux ou

---

[1] L'appartement de Richard se trouvait à l'entre-sol, sur la cour
basse, au-dessus des cuisines actuelles de la nouvelle buvette des
avocats.

[2] Récit de Rosalie Lamorlière.

trois fois avec son mouchoir. Tous les assistants se retirèrent, sauf la concierge et sa servante qui offrit aussitôt ses services à Marie-Antoinette. « Je vous remercie, ma fille, fit la reine simplement; depuis que je n'ai plus personne, je me sers moi-même, » et, montant sur un tabouret, elle suspendit sa montre à un clou fixé dans la muraille, puis elle commença à se déshabiller pour se mettre au lit. On la laissa seule.

Dans la matinée Richard s'occupa d'organiser la surveillance de la détenue et plaça dans sa chambre deux gendarmes chargés de la garder à vue: Mme Richard, de son côté, lui procura, comme servante à demeure, une vieille femme, de près de quatre-vingts ans, bien connue dans la prison ; elle avait été concierge de l'Amirauté, dans l'enceinte même du Palais, et était la mère d'un des ports-clefs de la Conciergerie. On la nommait la mère Larivière.

Marie-Antoinette témoigna, dès l'abord, à la vieille femme de la confiance et de la considération; elle la chargea de rapiécer et de recoudre sa robe noire, besogne dont la mère Larivière s'acquitta fort proprement; néanmoins, on la jugea trop âgée — ou trop dévouée — pour servir la prisonnière, et on la remplaça bientôt par une femme de trente-six ans, Marie Harel, dont le mari était garçon de bureau à la mairie, et peut-être aussi quelque peu employé de la police secrète.

On s'est beaucoup attendri sur la façon dont la citoyenne Richard sut adoucir par ses prévenances et ses attentions la longue agonie de Marie-Antoinette. On l'a représentée comme une femme de cœur, pleine de pitié pour ses pensionnaires, allant elle-même à la halle acheter les plus beaux fruits et les meilleures volailles, afin de les servir à la reine. La *bonne Mme Richard*, tel est le nom qu'elle conservera dans l'histoire. Je n'ai garde de m'inscrire en faux contre ce jugement; mais, outre que ni dans ses dépositions, ni dans le récit de Rosalie, on ne trouve rien qui puisse autoriser à lui conserver cette réputation, il faut se méfier de cette sorte de légende pleurarde, née sous la Restauration, et d'après laquelle l'auguste prisonnière de la Conciergerie n'aurait été entourée que de gens prêts à donner leur vie pour elle. Je crois, au contraire, que tous, guichetiers, gendarmes, concierges mâle et femelle, par peur de l'échafaud, remplissaient strictement leur devoir, et que pas un d'eux ne se risqua à donner à la reine une preuve de pitié ou une parole de consolation. Cette remarque ne sera point sans intérêt pour la suite de ce récit. Et puis, ce qui entache, à mon avis, la mémoire de la femme Richard, c'est tout simplement ceci : son nom de famille était *Marie-Anne Barassin*. Et voilà qui jette un jour nouveau sur un personnage louche que les *Mémoires sur les prisons* ont livré à l'indignation de la postérité.

Il y avait, en effet, à la Conciergerie, un *mouton* nommé *Jean-Pierre Barassin, dit Deshouilles*. Jardinier de son état et condamné à quatorze ans de fer pour vol de linge, il obtint de faire sa peine à la Conciergerie. Pourquoi? Était-il parent de la femme Richard? C'est plus que probable, et c'est sans doute grâce à elle qu'il fut l'objet de cette faveur. Il la reconnaissait en espionnant les prisonniers, en les faisant parler, en rapportant ce qu'ils avaient dit de compromettant, en les incitant à la révolte, et l'on doit croire qu'il rendit en ce genre à Fouquier-Tinville de signalés services, puisque, ayant été transféré à Bicêtre — où était sa véritable place — le 7 brumaire an II, il fut, par ordre de l'Administration de police, réintégré à la Conciergerie dix jours après. Il y était évidemment très utile [1].

---

[1] Barassin, la Terreur passée, fut réintégré à Bicêtre: il partit pour le bagne de Brest le 8 floréal an III (Archives de la Préfecture de Police).

Ce qui établit, d'ailleurs, que la femme Richard avait pour Barassin quelque complaisance, c'est qu'elle l'admit au service de la reine. C'est lui qui, le matin, balayait la chambre, vidait les eaux et faisait *les gros ouvrages*. Marie Harel n'étant point *bonne à tout faire*, se réservait les fonctions plus délicates de femme de chambre. Tous deux, en somme, n'étaient autre chose que de vulgaires espions.

Le citoyen Richard semble une figure plus effacée que sa femme : il était *paisible et laborieux*, note Rosalie Lamorlière ; l'abbé de Salamon l'a représenté comme un bon vivant, aimant la bonne chère, et assez aimable compagnon. Tout fier d'avoir épousé une maîtresse femme, ancienne marchande à la toilette, il se contentait de veiller aux écrous et de garder sa porte, laissant à son épouse toute la responsabilité : lorsqu'il se passait quelque chose d'anormal dans la prison, c'est elle qu'on interrogeait et non pas lui.

Quant aux deux gendarmes, Gilbert et Dufresne, braves gens, semble-t-il, qui ne quittaient pas le cachot de la reine, leur psychologie tient en quatre mots : c'étaient des gendarmes. Au moindre signe suspect, ils faisaient immédiatement leur rapport à leurs supérieurs, sans réticence, sans passion,

sans méchanceté : je crois qu'on peut considérer
leurs dépositions comme l'expression absolue de la
vérité. Tel était donc l'entourage de la reine en
août 1793; tels étaient les personnages appelés à
jouer un rôle dans la romanesque aventure que
nous avons à conter.

La translation de Marie-Antoinette à la Conciergerie n'était point un de ces faits qui passionnent
la foule; il passa donc inaperçu. Paris, d'ailleurs,
ne s'intéresse aux incidents des révolutions qu'autant qu'ils forment spectacle. Et puis, la grande
ville, qui n'a d'immuable que son éternelle insouciance, avait pris son parti de la Terreur et ne
s'émouvait plus que lorsque la chose en valait ia
peine. Je crois qu'à part une infime minorité de
citoyens ayant un intérêt quelconque à la politique, la masse énorme des Parisiens de 1793 n'aurait pas pu dire ce qu'étaient les Girondins, les
Brissotins, les Montagnards, les Hébertistes et les
Jacobins. Pour le bon public le monde se parta-
geait en deux classes, les aristocrates et les sans-
culottes, et on ne se dérangeait plus que pour
mener les enfants, lorsqu'ils avaient été sages, voir
passer les charrettes de Sanson, aux jours où la
fournée était belle. Mercier a dit ce mot terrible :

« Le rideau de l'Opéra ne se levait pas moins à la même heure, qu'on eût coupé soixante têtes ou qu'on n'en eût coupé que vingt. »

Pourtant il restait bien quelques cœurs tendres qui suivaient avec émotion la douloureuse odyssée de la reine, et qui prévoyaient avec terreur le jour où elle se terminerait à l'échafaud ; sans doute il y avait, cachés dans Paris, d'anciens serviteurs de la Cour, des amis des jours heureux, qui se lamentaient en secret sur le sort de leurs princes ; mais il faut reconnaître qu'ils se lamentaient platoniquement. Ceux qui s'indignèrent, ceux qui se compromirent, ceux qui risquèrent leur vie, furent — chose étrange et touchante — des ouvriers, des pauvres, des humbles. Oui, il se trouva dans la population parisienne des royalistes fidèles, qui se liguèrent pour sauver la reine ; quels étaient-ils ? des nobles, des grands seigneurs, des courtisans de jadis ? Point du tout. C'étaient un décrotteur, un pâtissier, trois perruquiers, un charcutier, des femmes de ménage, deux maçons, un fripier, une limonadière, un marchand de vin, un serrurier et un râpeur de tabac... Et, par surcroît d'étonnement, on voit que ces braves gens habitaient *tous* à deux pas de la Conciergerie, aux abords du Palais de Justice, comme si c'eût été le voisinage de la prisonnière qui leur avait inspiré le dévouement. Le cruel martyre qu'une bande de factieux infligeait à la reine de France était devenu un incident de quartier !

Rougeville fut l'instigateur et l'âme de ce complot: lui seul, de tous ceux qui avaient approché Marie-Antoinette au temps de sa puissance, tenta quelque chose pour l'arracher aux bourreaux. Et, quelle que soit l'opinion que la suite de ce livre puisse donner de lui, il restera constant qu'à force de ruse et de courage il a réalisé l'impossible pour apporter à une pauvre femme, abandonnée de tous, un mot de consolation et une lueur d'espérance.

Rougeville était, on l'a vu, sorti de prison depuis un mois et demi lorsque la reine fut amenée à la Conciergerie. Il comprit que cette translation était un des préliminaires du procès et que le dénouement était proche. Le moment d'agir était donc venu. Autant qu'il est possible de lire dans cette histoire à jamais mystérieuse, son plan était habilement conçu: il s'agissait de s'assurer le concours d'un assez grand nombre d'hommes sûrs, qui, profitant du mécontentement général, devaient, à la faveur d'un jour d'émeute, s'emparer du poste de gendarmerie du Palais de Justice, enlever la reine, la conduire à Livry sur la route de Metz, où une berline, escortée de cavaliers dévoués, la recevrait et l'emmènerait en Allemagne.

Les hommes se trouvèrent ; mais on n'ignorait pas que la Reine était gardée à vue par deux gendarmes, et il était à craindre que ceux-ci empêchassent la sortie au moment précis où le poste du Palais serait au pouvoir des conjurés. Forcer, à main armée, les portes de la Conciergerie, il n'y fallait pas songer. Avant qu'on eût enfoncé les guichets et les grilles, avant qu'on fût parvenu au cachot de la Reine, l'autorité avait le temps de se reconnaître, de faire battre le rappel et fermer les barrières. Il était urgent d'agir vite, et, afin de n'éprouver aucun retard, il était nécessaire que la prisonnière fût prévenue ; que les hommes qui la gardaient fussent, à l'avance, gagnés par elle et qu'ils la conduisissent eux-mêmes à ses sauveurs. Ainsi combiné, le projet avait certainement des chances de réussite.

Mais comment avertir la Reine ? Par quel moyen lui faire parvenir la somme nécessaire à gagner ses gardiens ? Qui serait assez adroit pour se glisser dans la terrible prison, assez hardi pour venir, à la barbe des gendarmes, des guichetiers, des espions, dire à la prisonnière : « Madame, telle

nuit, à telle heure, nous tenterons de vous sauver:
d'ici là achetez vos geôliers; voici de l'argent! »
Et si les gendarmes ne se laissaient pas corrompre ?
Et si l'infortunée princesse manquait d'adresse, ou
de courage, ou de confiance? Et si la surprise que
lui causerait un semblable avis lui faisait commettre quelque imprudence ? Là était l'écueil. En
somme le succès dépendait, en grande partie, de la
reine elle-même, et, pour s'assurer de sa part un
concours efficace, il fallait, avant tout, la préparer
à l'événement et, par conséquent, trouver un moyen
de lui parler.

Rougeville aurait reculé devant une telle impos-
sibilité, s'il avait gardé quelque illusion sur la mo-
ralité, sur l'intégrité, sur la conscience des fonctionnaires qui régissaient la France terrorisée. A
tort ou à raison il les jugeait incapables de résister
par pur amour du devoir, aux arguments qu'il
comptait mettre en œuvre ; il ne doutait pas qu'il
fût facile de faire taire les scrupules d'un des puissants du jour, et il faut reconnaître qu'il y réussit
complètement.

Son choix, mûrement réfléchi, s'arrêta sur le
limonadier Michonis que le suffrage de ses concitoyens avait élevé aux fonctions de membre de la
municipalité. et que la confiance de ses pairs avait

bombardé administrateur des prisons. C'est lui qui avait été chargé d'escorter la reine du Temple à la Conciergerie; il était le souverain maître de tous les geôliers de Paris; tous les guichetiers tremblaient devant lui; en outre, il remplissait ses fonctions avec un tel zèle que, chaque jour, délaissant les intérêts de son comptoir, il venait visiter en personne la reine dans son cachot. Fat, vain, aimant le plaisir, gonflé de son importance, il était tout glorieux de sa haute mission, et si fier d'être en rapports quotidiens avec la *veuve Capet*, qu'il aurait voulu être vu du monde entier, parlant à la pauvre femme le chapeau sur la tête et les mains dans les poches. Ses fonctions, qui eussent été pénibles pour tout homme de cœur, le remplissaient d'aise et flattaient son orgueil.

Rougeville lui offrit-il de l'argent? Je l'ignore: toujours est-il qu'il se lia avec lui d'une façon assez rapide: pour un administrateur des prisons, Michonis n'avait pas, comme on va le voir, des mœurs d'une austérité trop farouche.

Un singulier personnage entre ici en scène: c'est un nommé Pierre Fontaine, âgé de 48 ans, qui, ayant gagné de l'argent dans le commerce des bois, vivait de ses rentes et ne détestait pas ce qu'on est convenu d'appeler *les plaisirs faciles*. Rouge-

ville habitait, on le sait, le village de Vaugirard en
compagnie d'une jeune femme de vingt-deux ans,
Sophie Dutilleul. Comment apprit-il que Fontaine
était lié avec Michonis? Par quel moyen parvint-il
à mettre la citoyenne Dutilleul en relations avec
Fontaine? Cela est resté mystère. Ce qui est certain, c'est qu'il conduisit si adroitement l'intrigue
que, vers le 15 août, il se trouvait à dîner chez
Fontaine, rue de l'Oseille, au Marais, où l'avait
amené Sophie. Il y avait là dix ou douze invités,
dont trois députés à la Convention ; vers trois
heures Michonis vint se mêler à la société, et, sans
s'attarder aux présentations, on se mit à causer.

Le citoyen administrateur des prisons parla de
ses fonctions avec son emphase ordinaire; il était
beau parleur et se croyait de l'esprit. Il raconta, en
homme excédé de besogne, ses visites à la *femme
Capet* : « Elle doit être bien triste, » dit quelqu'un
— Mais non, répondit Michonis, elle est sans
soucis ; mais ses cheveux sont devenus presque
blancs.

La conversation continua de la sorte : « Que fait-
elle? que dit-elle? qu'espère-t-elle? » Et Michonis,
ravi de son importance se complaisait à donner des
détails. Rougeville, tour à tour, frémissait de rage
ou tremblait d'émotion, en écoutant ce récit. Il

èxcitait l'autre à parler, cherchant à jouer l'indifférence :

— C'est égal, fit-il, comme répondant à ses
propres réflexions, vous avez de la chance, citoyen,
et ce doit être un bien curieux spectacle pour un
philosophe tel que vous, de voir la ci-devant reine
rabaissée à ce point.

— Si le cœur vous en dit, citoyen, c'est un
plaisir que je serais heureux de vous offrir.

— Dame ! c'est tentant; mais je ne voudrais pas
vous compromettre.

— Me compromettre ! Eh ! ne suis-je pas le
maître...? Vous n'avez qu'à dire un mot, et je vous
emmène avec moi visiter la Conciergerie.

— Grand merci, citoyen, ce n'est pas de refus;
j'y songerai à l'occasion.

Et l'on parla d'autre chose.

Rougeville avait cru prudent, pour la première
escarmouche, de ne pas s'engager davantage. Mais
on pense bien qu'il jugea opportun de resserrer
ses relations avec Fontaine. Il l'invita à dîner chez
lui à Vaugirard, et, de crainte que le marchand de
bois ne s'étonnât de cette soudaine intimité, il lui
présenta la chose comme une occasion de plaisirs
exceptionnels. Il s'était, en effet, assuré pour la
circonstance le concours de deux convives de mine

agréable et de mœurs faciles, une lingère nommée
Laurence Desguillot, et une toute jeune ouvrière
de dix-sept ans, Adélaïde Provot. Ces deux filles
étaient l'appât auquel Fontaine se laissa prendre ;
il avoua plus tard qu'à ce repas gai on avait fort
peu parlé politique.

Quand, le soir ou le lendemain matin, il quitta
Vaugirard, il était le meilleur ami de Rougeville :
rien ne lie davantage que quelques heures de plaisir fraternellement partagé.

On se revit bientôt, et, rue de l'Oseille, le conspirateur retrouva Michonis. L'ami Fontaine avait
vanté le talent de Rougeville à organiser des parties fines ; on ne se quitta plus ; grâce à cette facilité de mœurs que la Révolution avait introduite
dans toutes les classes de la société, Michonis, Fontaine et Rougeville en arrivèrent à se réunir
presque tous les soirs pour finir gaiement la journée. La citoyenne Dutilleul plaisait évidemment à
Fontaine ; il est bien possible aussi que Michonis
lui-même ne soit pas resté indifférent à ses
charmes. Rougeville avait-il confié à cette femme
le but auquel il la faisait concourir ? C'est peu probable ; il se servait d'elle comme d'un atout sans
conséquence, et, à son insu, la malheureuse jouait
sa tête pour sauver celle de la reine.

C'est donc au cours d'une de ces petites fêtes que la conversation revint à Marie-Antoinette. Rien ne fut plus facile que d'exciter quelque peu à boire le citoyen administrateur des prisons ; et, une fois lancé, de le ramener au projet dont on avait dit quelques mots lors de la première entrevue. Avec la tenace complaisance des gens qui ont bien dîné, il s'offrit de nouveau à montrer la Conciergerie à ses compagnons de plaisir ; il pensait qu'en le voyant se pavaner insolemment devant la reine, son ami de fraîche date le prendrait en haute considération : il insista. Rougeville se défendit, alléguant qu'il se souciait peu de cette visite, qu'il n'avait pas le temps, que la politique ne l'intéressait pas : l'autre leva toutes les objections ; Rougeville feignit de céder par complaisance ; bref il fut décidé que, le 28 août, il se rendrait à la Mairie [1], pour y retrouver Michonis, et que de là on irait ensemble à la Conciergerie.

Il est aisé de voir, à la simple lecture des documents de l'époque, que les plus farouches sansculottes, les plus austères terroristes, n'approchaient pas la reine sans ressentir une émotion vite réprimée, un mouvement d'involontaire res-

---

[1] La Mairie occupait, dans l'enceinte même du Palais de Justice, l'ancien hôtel du premier Président.

pect aussitôt dissimulé sous une insolence affectée. Une si étonnante infortune, une chute si profonde et si cruelle, mettait au cœur de tous un frisson d'instinctive commisération ; si imposantes étaient la courageuse résignation de la prisonnière et sa hautaine impassibilité, que les plus rustres en éprouvaient une sorte de malaise et de gêne. Si tels étaient les sentiments que Marie-Antoinette inspirait à ses ennemis, on juge de ce que dut être l'angoisse de Rougeville en pénétrant sous les voûtes sombres de la prison où elle était enfermée. Ce n'était certes pas un homme ordinaire celui qui, en pareille circonstance, réussit à jouer l'indifférence, à écouter d'un air attentif le bavardage de son loquace cicérone, à ne se trahir ni par un mot, ni par un geste, ni par le tremblement de sa voix, tandis qu'il s'enfonçait dans l'étroit couloir au fond duquel s'ouvrait la porte du cachot. Enfin, Michonis, faisant les honneurs, poussa cette porte... Du premier coup d'œil Rougeville la vit, et si grande, si noble, si digne, si malheureuse, qu'il sentit son cœur bondir et plier ses genoux.

Il ne l'avait pas vue depuis le 10 août. Elle était encore belle et presque jeune alors ; les hautes salles à plafonds dorés, les galeries de marbre et

LE COULOIR DE LA CHAMBRE DU CONSEIL
A LA CONCIERGERIE

de glace, la foule des serviteurs fidèles, formaient alors un cadre à sa rayonnante majesté. Aujourd'hui quel contraste ! Une chambre basse, nue, sombre, sans meubles ; deux gendarmes jouant aux cartes, la femme Harel assise devant la fenêtre et cousant, tels étaient son palais et sa cour ; et *Elle*, vieillie, maigrie, les joues creusées par les larmes, vêtue d'une pauvre jupe rapiécée, les cheveux tout blancs, se tenait debout, fière et dédaigneuse, clignant ses yeux myopes pour voir ceux qui entraient. Elle distingua Michonis et resta impassible.... Mais tout à coup elle tressaillit, une vive rougeur monta à son front, et c'est à peine si elle put retenir un cri d'étonnement... Elle avait reconnu Rougeville.

Celui-ci ne pouvait détacher ses regards de ce spectre défiguré : il se raidit pourtant, avança vers elle, et, profitant de ce que Michonis élevait la voix, donnant à la prisonnière des nouvelles de ses enfants, il montra d'un signe l'œillet qui ornait la boutonnière de son habit gris, détacha cette fleur et la jeta derrière le poêle. Tout cela fut fait en un instant, et si adroitement que ni Michonis, ni la femme de chambre, ni les gendarmes ne s'aperçurent de rien. Rougeville, redevenu complètement maître de lui, reprit son attitude indifférente, écouta d'un air distrait les questions que l'administrateur des prisons posait, pour la forme, à la femme Harel, et, lorsqu'il vit que la visite était terminée, craignant que la reine n'eût pas compris ses gestes, il se pencha vers elle, lui dit quelques mots à voix basse, salua rapidement et se disposait à sortir quand la reine, prenant la parole: « Faut-il donc vous dire un éternel adieu, » interrogea-elle comme s'adressant au municipal. Rougeville fit, de la porte, signe qu'il reviendrait ; mais Michonis prit pour un compliment à son adresse la demande de la prisonnière et affirma qu'il était disposé à lui rendre visite chaque fois que cela lui ferait plaisir[1]. On se sépara : tout le monde avait bien joué son rôle, et Rougeville maintenant ne doutait plus du succès. Quoiqu'il eut hâte d'être dehors, il lui fallut bien suivre son cicérone qui, voulant lui faire les honneurs de la prison, le

[1] Nous tentons de faire, d'après les documents fort contradictoires que nous avons recueillis, un récit aussi simple et aussi exact que possible de l'entrevue de la reine et de Rougeville ; mais on comprend qu'il entre dans cette narration une certaine part de déduction et d'hypothèse. Dans l'étude d'un fait aussi enveloppé de mystères, nous n'avons pas la prétention de croire que notre version est *strictement* exacte et que nous donnons ici *toute la vérité et rien que la vérité*. Pour que le lecteur puisse lui-même rétablir les faits d'après son propre jugement, nous croyons nécessaire de mettre sous ses yeux les documents authentiques qui ont servi de base à notre récit. On trouvera cette note à la fin du volume, où, en raison de sa longueur, nous la rejetons sous forme d'appendice.

conduisit voir la cour des Femmes sur laquelle s'é-
clairait le cachot de la reine. Pendant qu'ils étaient
là, examinant les bâtiments noirs, où, à toutes les
fenêtres, des visages inquiets de prisonniers appa-
raissaient, les regardant, Gilbert appela Michonis
par la fenêtre. Il lui transmit une réclamation de
la prisonnière au sujet de la nourriture qu'on
lui servait. Michonis posa quelques questions,
donna ses ordres et, toujours suivi de Rougeville, regagna le greffe, salua Mme Richard et
sortit de la Conciergerie.

A peine restée seule avec ses gardiens, Marie-
Antoinette avait fait quelques pas dans son cachot,
se dirigeant vers le poêle dans l'intention de ramasser l'œillet. Mais Gilbert ne la quittait pas des
yeux et observait tous ses mouvements : c'est alors
que, voyant par la fenêtre Michonis qui montrait
à son compagnon la cour des Femmes, elle prit le
premier prétexte qui s'était présenté à son esprit,
adressa au gendarme sa réclamation, et, tandis que
celui-ci la transmettait à Michonis, elle se baissa
vivement, ramassa la fleur..... Elle crut devenir
folle de joie : l'œillet contenait un billet ! Vite, à
l'écart, derrière le paravent qui entourait son lit,
elle déplia le papier et lut : *Ma protectrice*, disait
le billet de Rougeville, *je ne vous oublierai jamais,*

je chercherai toujours le moyen de pouvoir vous marquer mon zèle ; si vous avez besoin de trois à quatre cents louis pour ce qui vous entoure, je vous les porterai vendredi prochain.

Rien de plus ; mais, en relisant ce simple mot, la pauvre femme tremblait de crainte, de reconnaissance et d'espoir. Ainsi donc, elle n'était pas abandonnée de tous ; il restait des cœurs fidèles, des serviteurs dévoués qui s'intéressaient à son sort ! Et l'idée lui vint sans doute que ces amis inconnus étaient donc bien puissants et bien riches, puisque les grilles des prisons d'État s'ouvraient devant eux ; déjà elle put se voir, tant l'imagination déploie rapidement ses ailes, loin de Paris, dans quelque retraite sûre, avec ses enfants et sa sœur, car certainement on s'occupait de les sauver, eux aussi : elle eut l'enivrante impression de l'espace, de l'air pur, de la liberté ; mille pensées se heurtaient dans sa tête...

Pour ce qui vous entoure... trois à quatre cents louis : elle comprenait ; son rôle à elle était de séduire, d'acheter ses gardiens ; tout de suite, dans sa hâte de réussir, sous l'action de l'émotion qui l'enfiévrait, elle voulut agir. A tout hasard, elle déchira en cent morceaux le billet de Rougeville, et, sur un mauvais chiffon de papier qui traînait

sur sa toilette, elle traça à l'aide d'une épingle —
n'ayant ni plume ni crayon — une courte réponse...
Puis, affermissant sa voix, domptant sa fierté, adou-
cissant son regard, elle pria la femme Harel d'aller
lui chercher de l'eau fraîche. Quand elle fut seule
avec ses gardiens : — « Monsieur Gilbert, fit-elle. »

Le gendarme s'approcha ; la reine, depuis un
mois qu'elle vivait dans sa compagnie, avait pu
remarquer son honnêteté, sa douceur, son main-
tien convenable et discret : elle crut qu'elle n'avait
qu'à parler pour s'en faire un ami...

— Monsieur Gilbert, prononça-t-elle à voix
basse, voyez comme je suis tremblante... Ce monsieur que vous venez de voir est un chevalier de
Saint-Louis, employé aux armées, qui m'a déjà
donné en bien des circonstances des preuves de
son dévouement.

La pauvre reine essayait de sourire pour attendrir son geôlier ; elle cherchait, devant ce soldat
de qui dépendait son sort, à donner à son visage,
vieilli et fané par les pleurs, ce charme irrésis-
tible d'autrefois, cet air de confiance et d'amicale
douceur, qui, naguère, avait dompté Mirabeau et
désarmé Barnave.

— Vous ne vous doutez pas, ajouta-t-elle simplement, comment ce monsieur a réussi à me

faire passer un billet ; il m'a fait un signe que je n'ai pas saisi d'abord ; puis, s'approchant de moi, il m'a 'dit, sans que vous puissiez l'entendre, de ramasser l'œillet qu'il avait jeté derrière le poêle. Il m'a promis de revenir. J'ai trouvé la fleur, j'ai lu le billet et voici ma réponse... Vous voyez que, lorsqu'il le faut, je puis me passer de plume pour écrire.

Gilbert restait interdit : il regardait la prisonnière fixement, hésitant à comprendre. Elle continua, un peu inquiète :

— Vous ne me trahirez pas, monsieur Gilbert ; vous ne direz rien, n'est-ce pas ; ce monsieur serait perdu. Voici mon billet, je le lui remettrai moi-même quand il viendra vendredi.

La citoyenne Harel rentrait à ce momeut, apportant l'eau. Gilbert étendit la main, prit le papier que la reine roulait entre ses doigts... Stupéfaite, elle le laissa faire.

Le gendarme sortit de la chambre, suivit le couloir, traversa le greffe. Dans les cas graves on s'adressait, nous l'avons dit, non pas au concierge, mais à Mme Richard : c'est donc à elle que Gilbert raconta ce qui venait de se passer. Il lui montra la papier piqué de coups d'épingle, elle l'examina, chercha à y déchiffrer quelque chose, n'y parvint pas et le serra dans son porte feuille.

— Que comptez-vous faire ? lui demanda le gendarme. En instruirez-vous le citoyen Michonis ?

— Laissez cela, répondit-elle : je vous réponds qu'à l'avenir il n'arrivera plus ici d'étranger.

Pendant la soirée et toute la journée du lendemain, la reine, inquiète, agitée, nerveuse, ne cessait d'interroger Gilbert et de lui demander ce qu'il avait fait du billet ; elle s'illusionnait, ne sachant pas si elle devait compter cet homme au nombre de ses amis, si elle avait réussi à le gagner à sa cause ; de guerre lasse il répondit que la citoyenne Richard lui avait pris, par manière de jeu, tous les papiers qu'il avait dans sa poche, et que le billet se trouvait avec eux ; qu'au reste, il n'y avait rien à craindre.

La prisonnière doutait encore ; peut-être Gilbert voulait-il agir prudemment et ne pas se compromettre vis-à-vis de son collègue Dufresne qui continuait à tout ignorer. Quelles nuits dut passer, dans cette angoissante incertitude, la malheureuse reine ! Le moindre bruit dans la prison, le cri d'un condamné traîné au greffe, le choc d'un guichet brusquement fermé, l'appel d'un geôlier, tout était pour elle un sujet d'espoir, bientôt déçu...

Chaque fois que sa porte s'ouvrait, elle s'attendait à voir entrer ses sauveurs, chaque fois la déception se faisait plus cruelle : elle n'osait plus interroger, mais sa pensée ne quittait pas Rougeville, ce libérateur inespéré, si rapidement entrevu ; que fait-il ? que devient-il ? Pourquoi ne vient-il pas ? Hélas ! il ne devait plus revenir [1].

Le 30 août, Michonis se présenta à la Conciergerie. La femme Richard le prit à part, lui conta tout, et comment il avait favorisé à son insu l'entrée d'un chevalier de Saint-Louis chez la reine, et comment elle se trouvait, elle, en possession de la réponse qu'avait faite à ce billet Marie-Antoinette. Michonis ne s'alarma pas. Il savait bien que ni la citoyenne Richard, ni aucun des geôliers sous ses ordres n'oserait le dénoncer. Il retourna en tous sens le papier compromettant, n'y put distinguer aucun caractère et finalement le mit dans sa poche.

— N'en parlez point, recommanda-t-il à la concierge, cela n'a aucune importance ; cependant je n'amènerai plus personne.

[1] C'est du moins ce qu'on peut conclure de l'étude des documents officiels. Rougeville cependant prétendit s'être ménagé une seconde entrevue avec la reine. Voir page 146.

Ainsi qu'à l'ordinaire, il fit dans la prison sa tournée d'inspection. Il considérait l'affaire comme terminée, mais il comptait sans la discipline militaire. Esclave de sa consigne, en faisant, le 3 septembre, son rapport hebdomadaire à son colonel, Gilbert, dans la crainte de compromettre *le corps tout entier*, ne voulut rien cacher des incidents qui s'étaient passés dans le cachot de la reine ; le colonel déposa ce rapport au greffe du Tribunal, et tout de suite le complot s'ébruita. Le jour même, le Comité de sûreté générale en était informé, et il dépêchait à la Conciergerie trois de ses membres, Caillieux, Amar et Sevestre, pour ouvrir une enquête.

En voyant entrer dans son cachot six gendarmes qui se massèrent en bon ordre devant la porte, la pauvre reine comprit enfin ! Son rêve de liberté resterait un rêve, et il était à jamais terminé. Les conventionnels s'installèrent dans une pièce voisine de la chambre du Conseil [1], se constituèrent en une sorte de tribunal, s'adjoignirent Egeon, aide de camp de la force armée de Paris, et le citoyen

---

[1] Sans nul doute la chambre voutée ouvrant, en retrait, dans le même corridor, et fermée par une cloison vitrée. Cette partie de la Conciergerie n'a subi que des modifications de détail, et l'on y retrouve intact le décor de l'affaire de l'œillet.

Bax, secrétaire du Comité de sûreté générale, firent appeler Michonis, puis, **un** gendarme introduisit Marie-Antoinette.

Si, pendant quelques heures, elle était redevenue la femme qu'un rayon d'espoir enivre, que l'angoisse de l'attente énerve et surexcite, elle reprit devant les commissaires de la Convention son impassibilité et son calme hautain de reine Elle répondit à toutes les questions et ne compromit personne, prétendit ne se souvenir de rien, n'avoir rien vu, allégua qu'elle ne pouvait faire un mouvement sans être espionnée par ses gardiens, qu'il était présumable que ceux-ci remplissaient leur devoir, et que, n'était la crainte de les compromettre, elle n'hésiterait pas un instant à tenter tous les moyens pour se réunir à sa famille. Elle avoua, du reste, à un second interrogatoire avoir reçu un billet et en avoir tracé un autre. La femme Harel, interrogée ensuite, se rappela bien avoir remarqué un jeune homme accompagnant Michonis, mais elle était certaine que cet étranger n'avait pas dit un mot à la prisonnière. Michonis, mis à son tour sur la sellette, reconnut sans difficulté qu'il avait amené souvent des **curieux à la** Conciergerie, mais que cela n'avait aucune gravité. Quant au *particulier*, qu'on disait être un chevalier de Saint-Louis, il l'avait connu chez Fontaine, mais il ignorait son nom. Fontaine, lui, savait que l'inconnu se nommait Rougeville, qu'il habitait chez la femme Dutilleul à Vaugirard, qu'ils avaient dîné plusieurs fois ensemble, mais il ne le connaissait pas autrement. Michonis, rappelé, certifia qu'il ne savait pas comment se nommait le suspect bien qu'il se fût souvent assis à sa table; au surplus, il remit aux commissaires le papier sur lequel la *veuve Capet* avait tracé quelques mots incompréhensibles, et se résuma en disant qu'il n'attachait aucune importance à toute cette affaire.

Il paraissait évident que Fontaine et Michonis mentaient. De la part d'un fonctionnaire investi d'une mission aussi grave que l'était, en 1793, la surveillance des prisons, le fait d'avoir introduit dans le cachot de la reine un homme dont il ignorait jusqu'au nom, et avec lequel il était cependant en relations suivies, parut, à bon droit, invraisemblable. Une telle légèreté frisait la complicité. Il fallait néanmoins des présomptions plus fortes pour établir l'accusation de complot: tant qu'on ne tiendrait pas cet audacieux Rougeville, tant qu'on n'aurait pas déchiffré le billet de la reine, on ne saurait rien. Et les commissaires en revenaient sans cesse à ce chiffon de papier qu'ils avaient joint

au dossier. Ils se le passaient de main en main, le
retournaient, l'interposaient au jour, l'examinaient
sous tous ses aspects. Le problème restait sans
solution.

Il existe encore ce billet ; de guerre lasse, les
commissaires l'épinglèrent à l'interrogatoire de la
reine, et il y est resté. C'est un petit fragment de
papier à papillottes, haut de onze centimètres et
large de quatre. Bien des gens, depuis un siècle,
ont passé de longues heures à lui demander son
secret, mais pour tous il est resté indéchiffrable.
A premier examen, il semble ridicule qu'on ait
jamais cherché à y reconnaître des caractères quel-
conques, tant les trous d'épingle qui le criblent
sont serrés et percés sans ordre ; l'on serait en
droit de croire que toute cette histoire de réponse,
adressée à la reine par Rougeville et interceptée
par Gilbert, a été inventée de toutes pièces, afin de
compromettre l'auguste prisonnière, si elle-même
n'avait avoué s'être servi de ce moyen pour correspondre avec son sauveur. Mais, en l'examinant
de plus près, l'œil croit distinguer une sorte de
tracé régulier, un arrangement de piqûres d'é-
pingle ressemblant, en effet, à trois lignes irrégu-
lières dont il est impossible, cependant, de lire une
seule lettre.

Cette énervante énigme passe cependant pour avoir trouvé son OEdipe : on a dit que M. Pilinski, après un long travail d'analyse et de reconstitution, avait réussi, il y a quelque trente ans, à trouver ?a clef du mystère ; il était parvenu à lire ces mots :

> Je ne parle à personne
> Je suis gardée à vue
> Je viendrai.

Il convient de dire que M. Pilinski était coutumier de tours de force semblables. Autographiste de son métier, il avait acquis une si extraordinaire habileté à reproduire toute espèce d'écriture et même de caractères imprimés, que le Gouvernement russe, à l'époque de l'insurrection de la Pologne, l'avait prié d'aller exercer autre part qu'à Varsovie son inquiétant talent. M. Pilinski s'étant fixé en France, les collectionneurs lui confiaient certains travaux délicats dont il s'acquittait avec une stupéfiante dextérité. Une page avait-elle été enlevée d'un livre rare et précieux, c'était à Pilinski qu'on s'adressait : il faisait choix, dans son assortiment de papiers anciens, d'une feuille convenable, l'adaptait à la place voulue et y copiait le texte manquant avec une telle perfection que les experts les plus clairvoyants en étaient toujours dupes. Personne n'ignore le culte que le savant M. Vatel avait voué à la mémoire de Charlotte Corday. Voulant se procurer pour sa collection une copie de l'interrogatoire de l'héroïne, il commanda à Pilinski de lui en faire un fac-simile. L'autographiste reproduisit avec une si scrupuleuse exactitude l'aspect du dossier, les taches, la teinte effacée de l'encre, que, lorsqu'il eut terminé son étrange besogne, il eut la malice de serrer son œuvre dans le carton qui contenait la pièce originale; puis, il pria l'un des archivistes de vouloir bien lui rendre sa copie. Celui-ci ouvrit le carton et l'on juge de son affollement en y constatant la présence de deux dossiers absolument semblables ! On mit tout en œuvre pour les distinguer : on examina le grain du papier, sa marque, ses cassures, ses piqûres, ses irrégularités, rien ne pouvait guider le diagnostic. On fut obligé de s'en remettre à Pilinski lui-même, et j'espère qu'il aura eu la bonne foi de faire loyalement la distinction.

Quelque sorcier qu'il fût, il lui était matériellement impossible, néanmoins, de déchiffrer le billet de la reine ; la raison en est simple : ce papier a été si souvent, et à l'époque du procès et depuis, épinglé au dossier, détaché, épinglé de nouveau, et le plus souvent sans soin et sans attention, qu'il s'est ajouté aux piqûres primitives mille trous d'épingle accidentels qui ne font point partie du texte et rendent toute tentative de lecture absolument illusoire [1].

Ce n'est pourtant pas sans émotion que l'on contemple ce misérable chiffon où la reine mit sa dernière illusion, son suprême espoir. C'était là l'unique preuve du complot, et ce mystérieux papier devait, par la suite, coûter la tête à bien des gens. Pour le moment on se contenta de garder Michonis et Fontaine à la Conciergerie, et d'envoyer à la Force Richard et sa femme. L'im-

[1] Il est possible que Michonis, pour ôter à l'affaire toute importance, ait ajouté, pendant que le billet resta entre ses mains, des trous d'épingle qui en rendaient la lecture impossible et faisaient de ce document, très compromettant pour lui, un insignifiant chiffon. Il reste encore une autre hypothèse, qui, pour nous, est la plus vraisemblable : on verra plus loin qu'une Anglaise avait remis à nombre de royalistes fidèles cachés dans Paris des flacons d'encre sympathique, à l'aide de laquelle s'engagea une correspondance secrète entre Londres et Paris, dans le but de combiner une évasion des prisonniers du Temple. Il est bien certain que la première précaution de cette amie dévouée avait été de donner un flacon de cette encre à la reine qu'elle parvint à voir au Temple. Et alors il peut se faire que le billet adressé à Rougeville ait été tracé en caractères invisibles, et que les trous d'épingle, piqués au hasard, n'aient été mis là que pour dérouter les soupçons. L'idée était bonne : tout le monde, en effet, s'est efforcé de trouver un sens à ces figures et personne n'a jamais songé à soumettre le billet de la reine à l'action d'un réactif qui eût pu, peut-être, faire apparaître des caractères tracés à l'encre sympathique.

portant était de découvrir Rougeville ; **on avait**
bien retrouvé et interné à Sainte-Pélagie **la**
citoyenne Dutilleul, mais elle n'avait pu, su ou
voulu rien dire : elle aussi semblait ignorer quel
était ce Rougeville avec lequel elle vivait depuis
plus d'un an. Cet invisible personnage paraissait
être un mythe ; l'audace dont il avait fait preuve
la seule fois qu'il s'était révélé, l'empire inexplicable qu'il exerçait sur ses complices, le merveilleux talent d'intrigue qu'il avait déployé pour se les
attirer, portaient à reconnaître en lui l'agent d'une
immense conspiration qu'on s'attendait chaque
jour à voir éclater. Il fallait donc avoir Rougeville
à tout prix.

Le 4 septembre, le Comité de sûreté générale mit
à ses trousses Baudrais, l'un des plus habiles policiers de l'époque. On ouvrit à cet agent un crédit
illimité pour les dépenses qu'il pourrait avoir à
faire au cours de ses recherches ; on lui donna
plein pouvoir ; on envoya le signalement du conspirateur à toutes les sections de Paris, à tous les
départements, à toutes les municipalités ; on en-
toura d'espions la maison de Vaugirard, on établit
en permanence un gendarme chez Fontaine et un
autre chez Michonis ; on autorisa Baudrais à
« faire des visites domiciliaires, à placer des agents

dans tous les endroits soupçonnés, à arrêter indistinctement tous ceux qui auraient recélé le ci-devant marquis ou l'auraient soustrait aux poursuites... » Tout cela, en pure perte ; Rougeville avait disparu sans qu'on pût savoir par quelle trappe.

On avait constaté seulement que le mardi, 3 septembre, il avait quitté sa maison de Vaugirard avec la citoyenne Dutilleul : il emportait deux chemises et quelques paires de bas. Ils étaient allés tous deux dîner chez Fontaine, puis s'étaient séparés : depuis lors on ne l'avait pas revu.

Avant de le suivre dans son étonnante odyssée, il n'est pas sans intérêt de chercher à connaître ce que devint sans lui la conspiration dont il semble avoir été, sinon l'instigateur, du moins l'un des principaux conjurés. Et d'abord y eut-il complot ? Après les scènes que nous venons de raconter, la question peut paraître naïve ; mais, dans la suite de cette étude, Rougeville va nous apparaître sous un aspect si singulier, sous un jour si peu favorable parfois ; il va se montrer si léger, si inconséquent, d'une vantardise si puérile qu'on serait excusable de le regarder comme un simple aven-

turier, se compromettant sans but, par pure gloriole, si on le jugeait seulement d'après l'insigni-
fiante correspondance échangée entre la reine et
lui. Autant qu'on peut lire dans cette ténébreuse
machination, il nous paraît certain au contraire
qu'en offrant ses services à la reine, il n'agissait
qu'à bon escient : il se sentait soutenu par des
dévouements nombreux, et le complot, depuis
longtemps préparé, entrait, du jour de son entrevue avec la prisonnière, dans la période d'exécution.

Il y avait alors, à Londres, une Anglaise,
Mme Charlotte Atkyns, de Kettringham-Hall, au
comté de Norfolk, qui joua dans toute cette aventure un rôle assez mystérieux. Devenue veuve très
jeune, elle s'était fixée en France et avait habité
Lille jusqu'à la Révolution.

En 1792, elle était rentrée en Angleterre et
demeurait, tantôt à son domaine de Kettringham-
Hall, tantôt à Londres (Royal-Hôtel ou Park-Lane).
Elle entretenait de très actives relations avec plusieurs émigrés, notamment avec le baron d'Auer-
weck, M. de Cormier, M. de Moustier, le prince
la Trémoille, le comte d'Oilliamson, mais surtout
avec Jean-Gabriel Peltier, l'ardent rédacteur des

Actes des Apôtres, et avec le comte de Frotté : on croit même qu'il y avait promesse de mariage entre ce dernier et Mme Atkins[1].

C'est dire que cette Anglaise était animée de sentiments profondément royalistes : du jour où Louis XVI et sa famille furent incarcérés au Temple, Mme Atkins n'eut qu'une pensée, qu'un désir, qu'un but : enlever par surprise, sinon le roi et la reine mais tout au moins le dauphin et l'amener en Angleterre.

Elle avait réussi à établir une correspondance entre Londres et certains amis inconnus restés en France : les lettres qu'on échangeait ne contenaient en apparence que des lieux communs; mais, dans les intervalles des lignes, on traçait ce qu'on avait à se dire en se servant d'une encre invisible que faisait apparaître une eau sympathique dont Mme Atkins avait, au préalable, envoyé une provision à tous ses correspondants. Le projet qu'on étudiait ainsi consistait à faire sortir, à l'aide d'un stratagème quelconque, le dauphin de la prison, à le jeter dans une chaise de poste qui l'aurait conduit en moins de dix heures au bord de la mer, non point par la route ordinaire

---

[1] Voir sur Mme Atkins les *documents inédits* publiés par le R. P. V. Delaporte, S. J., dans les *Études* du 15 octobre 1893.

de Rouen, mais en prenant celle que suivaient
pour se rendre à Paris les marchands de poissons,
laquelle était toujours bien entretenue et ne traversait aucun bourg important. Pendant les six
derniers mois de 1792, il y eut en permanence à
Dieppe un bateau attendant le jeune prince pour
le transporter en Angleterre.

Mais l'exécution du roi vint décourager les
conjurés. Pourtant Mme Atkins ne se laissa pas
abattre : il restait quatre victimes à sauver. Elle
partit pour Paris; parvint, à force d'argent, à
pénétrer au Temple [1], proposa à la reine de changer de costume avec elle et de sortir à sa place.
Marie-Antoinette refusa, ne pouvant se décider à
abandonner ses enfants ; mais la courageuse anglaise, avant de rentrer à Londres, profita de son
séjour à Paris pour se ménager le moyen de correspondre secrètement avec les prisonniers du
Temple.

La translation de la reine à la Conciergerie vint
tout déranger.

« J'ai vu, écrivait, à la fin de juillet, Peltier à
Mme Atkins, j'ai vu hier au soir, après vous avoir
quittée, les personnes du projet du duc de G. ; ils

______

[1] *Mémoires inédits de Frotté*, cités par M. de La Sicotière.

sont encore prêts à exécuter leur plan ; ils sont trois, dont deux gardes du corps ; ils ne promettent que le roi (Louis XVII), et les deux prisonnières du Temple (Mme Élisabeth et Mme Royale) ; ils feront ce qu'il sera possible pour la reine ; mais, comme tout est changé, ils ne peuvent répondre de rien... Nous avons fait le calcul de ce qu'il en coûtera, et nous avons vu qu'avec 1,250 louis seulement on aurait le moyen d'avoir les deux enfants. Quant à la reine, on ne peut rien dire encore, on n'a travaillé que le Temple, et déjà on a dépensé à Paris plus de 1,200 livres. »

Eh bien ! si l'on se rappelle que Rougeville, emprisonné aux Madelonnettes le 1er juin, en sortit *miraculeusement* le 14 ; si l'on songe à ce que cette mise en liberté dut lui coûter ; si l'on se souvient qu'il offrit à la reine 350 à 400 louis, n'est-il point possible d'établir entre ces faits et les largesses de Mme Atkins une corrélation frappante. *Ils sont trois, dont deux gardes du corps,* écrivait Peltier : le troisième n'était-il pas Rougeville ?

Eh ! oui, c'est lui-même, et nous allons en donner la preuve : les deux gardes du corps s'occupent du Temple ; Rougeville, lui, *travaille* la Conciergerie ; il a ses hommes prêts, il parvient

à pénétrer chez la reine ; sa tentative échoue de la façon que nous avons racontée ; il disparaît..
Mᵐᵉ Atkins n'entendant plus parler de rien s'impatiente, se désespère ; et voici la lettre, datée de Londres du 7 octobre, qu'on trouve dans ses papiers : «... Permettez que je vous observe qu'il n'y a peut-être pas autant de motifs de vous alarmer, dans ce moment, que vous semblez le craindre. OU CES GENS FONT QUELQUE CHOSE, *ou ils sont cachés comme des lâches dans quelques greniers ; or, ce qu'il y a de certain, c'est qu'ils n'ont point été arrêtés, ni conséquemment guillottinés, puisqu'il n'est question d'eux dans aucun moniteur, et qu'ils font passer de leurs nouvelles.* » *Ces gens*, c'est Rougeville et les complices, inconnus sans nul doute de Mᵐᵉ Atkins, qu'il s'était fait fort de réunir. Il avait réussi, d'ailleurs, à en grouper un certain nombre, presque tous du peuple, comme nous l'avons dit ; mais, dès qu'il eut lui-même disparu, ces conjurés, sans direction, sans chef, sans lien, se trouvèrent forcément condamnés à l'inaction. Prêts à marcher au premier signal, ils se tenaient chez eux, attendant ; tous ceux d'entre eux dont le nom fut divulgué habitaient, nous l'avons vu, les environs immédiats du Palais de Justice :

c'était habilement conçu : ce voisinage évitait de mettre en émoi toute la ville et localisait pour ainsi dire l'insurrection aux alentours mêmes de la Conciergerie. Le poste pouvait être surpris, la reine enlevée, avant que Paris se doutât qu'il se tramait quelque chose.

La seconde quinzaine de septembre était près de finir, et rien ne transpirait au dehors des événements dont la prison avait été le théâtre : les conjurés, croyant l'affaire remise, prenaient patience ; mais, avec les premiers jours d'octobre, en entendant parler du très prochain procès de la reine, ils s'inquiétèrent. Personne ne donnait le signal attendu ; quelques-uns d'entre eux correspondaient encore avec les commanditaires de la conspiration, puisque nous venons de voir qu'à la date du 7 octobre « ils faisaient passer de leurs nouvelles », mais c'était pour dire : « Nous ne faisons rien, nous n'entendons parler de rien. » C'est alors que Mᵐᵉ Atkins et les royalistes de Londres s'impatientent et s'alarment.

Pourtant le bruit se répand dans la ville qu'on va mettre Marie-Antoinette en jugement : il n'y a plus d'espoir à garder ; il faut la sauver par un coup de force ou bien se résoudre à la voir périr ; et tout aussitôt les conjurés s'émeuvent et reconnaissent trop tard que, si le signal attendu ne leur a pas été donné, c'est que celui qui devait les réunir n'est plus là. Ils s'agitent, ils se consultent; que vont-ils faire? Agiront-ils sans chef? Tenteront-ils, sinon de prendre d'assaut la prison, du moins d'enlever la reine pendant le trajet du Palais à l'échafaud?

Il devait forcément arriver que le bruit d'un complot aussi complètement désorganisé parvint aux oreilles de la police : le 12 octobre, un agent provocateur nommé Juille-la-Roche et un commissaire du Comité révolutionnaire de la section de l'Unité dénonçaient à la Commune l'existence de la conspiration. Deux individus s'étaient, par des imprudences de langage, gravement compromis; c'étaient une femme Fournier et un jeune perruquier de dix-neuf ans nommé Basset; celui-ci prétendait disposer de cinq cent quarante individus; on prit des informations dans le quartier et aussitôt les témoignages accablants abondèrent; on arrêta une vingtaine de personnes dont la plupart furent remises en liberté faute de preuves; on ne retin que la femme Fournier, Basset, un nommé Guillaume Lemille et sa femme, qui, tous quatre, furent envoyés à l'échafaud. Le petit garçon de la femme Fournier, un gamin de quatorze ans, fut

condamné à l'exposition publique et à vingt ans
de détention.

Aucun des conjurés n'avait rien révélé; mais il
est bien évident que l'idée d'un tel complot n'avait
pas germé dans la tête d'un perruquier de dix-
neuf ans, et que ce n'était pas avec ses propres ressources qu'il aurait pu le réaliser. Derrière Basset
il faut donc chercher quelqu'un [1]. L'âme de la
conspiration était Rougeville, l'homme introuvable, sur lequel la main de la police ne pouvait
se poser.

Malgré ces coups successifs de la fatalité qui
durent lui être révélés par son avocat, la reine
avait-elle perdu tout espoir? Pour ma part je ne
le crois pas. Souvent, depuis l'affaire de l'œillet,
elle avait demandé à Gilbert et à Dufresne si le
particulier qui lui avait remis un billet avait été
arrêté. Elle comptait certainement encore sur ce
dévouement; et puis, bien qu'on l'eût changée de
cachot pour la mettre plus à l'abri d'un enlèvement, une pauvre fille, Mlle Fouché, un prêtre,
M. l'abbé Magnin, étaient parvenus, malgré la surveillance redoublée, à lui porter des consolations.
Elle était donc en droit de croire que tous ses amis

---

[1] Campardon, *Marie-Antoinette à la Conciergerie.*

veillaient. Mercier rapporte que, le matin du 16 octobre, déjà parée pour la mort, la pauvre femme, assise sur son lit de sangle, en attendant le bourreau, interrogea les gendarmes qui la gardaient : « Croyez-vous, dit-elle, que le peuple me laisse aller à l'échafaud sans me mettre en pièces ? » Et dans cette question on devine comme un suprême espoir, l'attente d'une bagarre, d'une lutte entre ses fidèles et ses bourreaux, au cours de laquelle elle échappera peut-être...

Cette dernière illusion fut déçue comme les autres. On a dit qu'arrivée sur la sinistre estrade Marie-Antoinette promena sur la foule un long regard : espérait-elle encore que celui qui avait veillé sur elle au 20 juin, au 10 août, qui lui avait offert ses services à la Conciergerie, que Rougeville, en un mot, allait émerger de cette foule et donner le signal tant attendu ?

Dès que le couteau fut tombé et le corps inerte jeté dans le panier, la foule se rua vers la guillotine... Sous l'échafaud on découvrit un homme dont les vêtements, les mains, la cravate même étaient rouges du sang de la fille de Marie-Thérèse s'égouttant à travers les planches. Entre ses lèvres serrées il tenait un œillet ! On l'arrêta ; cette fleur inspirait des soupçons ; on crut y voir un signe de ralliement. **L'homme** était **un** militaire nommé Maingot. Malgré tous les efforts de la police, malgré toute la bonne volonté des juges, on ne put rien découvrir contre lui de compromettant. Il fut gardé quelques jours en prison, puis on le mit en liberté.

Quant à Michonis, après être resté pendant dix mois à la prison de l'Abbaye, il monta enfin sur l'échafaud, le 17 juin 1794, comme complice de Cécile Renault dont il n'avait jamais entendu parler. C'était l'épilogue de l'affaire de l'œillet.

Nous permettra-t-on, après l'avoir contée le plus authentiquement qu'il nous a été possible, de revenir un instant au roman du *Chevalier de Maison-rouge* dont elle forme le principal épisode ? Avec un talent de conteur qui n'a d'égal que sa profonde insouciance de l'histoire, Dumas en a tracé un récit d'un pittoresque achevé. *Morand*, c'est Rougeville ; *Geneviève Dixmer*, c'est Sophie Dutilleul ; *Maurice Lindey*, c'est Michonis, et, si ces figures y sont dramatisées et anoblies à plaisir, l'exposé de leurs divers sentiments n'est peut-être pas très éloigné de la vérité. Où donc l'auteur des

Mousquetaires avait-il puisé ses renseignements ? La question peut ne pas être sans intérêt.

Dans *le Procès des Bourbons*, paru en 1795, répondra-t-on. Non, car il n'eût pas commis l'erreur de placer au Temple un événement qui eut la Conciergerie pour théâtre[1] ; et cette erreur dénature tout, car il était bien autrement difficile de forcer les portes de la Conciergerie que celles du Temple où la garde était nombreuse, par conséquent mêlée et se renouvelant tous les jours. Eut-il donc connaissance de la brochure publiée, en 1798, par Rougeville ? Pas davantage, car, dans ce cas, il n'aurait pas osé se débarrasser de son héros en le faisant se suicider sous l'échafaud de la reine au moment même de l'exécution. Quant à se représenter Dumas allant aux Archives Nationales et compulsant les pièces originales, il ne faut même pas y songer.

Non, il ne connut que très incomplètement l'histoire de Rougeville. Il sut que celui-ci vivait caché dans Paris sous un faux nom ; il sut qu'à l'aide d'une femme il parvint à se glisser dans les bonnes

---

[1] Il est vrai que Dumas a confondu la conspiration de l'œillet avec une autre tentative, faite au Temple, celle-là, par Cortey qui y commandait la compagnie de garde. C'est peut-être ce Cortey qu'il désigne sous le nom de *Lindey ;* mais, dans cette affaire, Rougeville ne joua aucun rôle.

grâces d'un fonctionnaire influent ; il sut qu'il se servit de cette relation pour présenter un œillet à la reine : où et comment, il ne s'en inquiéta pas ; il sut que le complot échoua et que celui qui l'avait conçu disparut sans qu'on pût retrouver sa trace. A l'aide de ces éléments il construisit son roman. Eh bien ! ces données historiques rudimentaires il ne put les tenir que d'un des conjurés survivants ; ils étaient, on l'a vu, plus de cinq cents, prêts à marcher, mais, on le comprendra, tenus très vaguement au courant de ce qui se tramait en dehors d'eux. Est-il impossible qu'il ait rencontré, au cours de son existence mouvementée, un vieillard qui lui ait dit : « Ah ! monsieur Dumas, j'en connais, moi, des histoires ; j'ai été mêlé dans ma jeunesse à une aventure qui ferait un beau roman !... » et qui lui ait conté la chose, en omettant des incidents oubliés ou inconnus ? Et un détail infime vient à l'appui de cette hypothèse, un détail qui ne se trouve dans aucun récit, qui n'est mentionné dans aucune pièce officielle ; ie veux parler de ce petit chien de la reine, auquel Dumas fait jouer un rôle. Ce chien devait inquiéter les conspirateurs : il était un obstacle à la réussite de leurs projets ; il pouvait, à un moment inopportun, donner l'éveil aux geôliers. C'est là une de ces petites préoccupations qui surnagent on ne sait comment dans la mémoire. Mais, dira-t-on, le chien a été inventé, comme le reste ; personne n'en parle, ni Rosalie Lamorlière, ni les interrogatoires, ni les comptes rendus du procès... Soit ! Il est pourtant avéré que le carlin de Marie-Antoinette avait suivi sa maîtresse du Temple à la Conciergerie. Il ne fut pas, d'ailleurs, assommé d'un coup de bâton, comme le raconte Dumas ; le journal de l'internonce Salamon, publié il y a quelques années seulement, nous a fixé sur le sort de ce dernier ami de Marie-Antoinette. L'abbé de Salamon ayant été, sous le Directoire, emprisonné à la Conciergerie où il couchait dans le lit qui, jadis, avait servi à la reine : « Je vis, dit-il, comme ma porte s'ouvrait, un carlin entrer dans ma chambre, sauter sur mon lit, en faire le tour et s'en aller. C'était le carlin de la reine que Richard avait recueilli et dont il prenait le plus grand soin. Il venait de la sorte pour flairer les matelas de sa maîtresse. Je le vis faire ainsi tous les matins, à la même heure pendant trois mois entiers, et, malgré tous mes efforts, je ne pus jamais l'attraper. »[1]

---

[1] *Journal de Mgr de Salamon, pendant la Terreur.*

Eh bien! si l'on admet que l'un des affidés de Rougeville mit Dumas au courant des grandes lignes du complot, il n'est pas téméraire de supposer que le même témoin de ces événements lui raconta comment le bruit courait en 1793 que Rougeville se dévouait uniquement par amour. **Le grand conteur en fit son profit. Cette religieuse et obsédante passion du chevalier de Maison-Rouge pour la reine est un des plus dramatiques incidents du célèbre roman. Est-elle authentique ? On l'a dit** [1].

Mais rien dans les documents officiels n'autorise à ajouter foi à cette romanesque supposition. Si Rougeville a aimé la reine — et, étant donné son caractère aventureux, il était bien homme à se laisser aller à un pareil sentiment — il ne nous reste aucun indice permettant de donner sa passion comme le mobile de son dévouement. D'ailleurs, qui oserait sonder les causes, quand il est déjà si difficile d'exposer les faits. En pareille matière le

---

[1] Dans son poème *Marie-Antoinette*, le comte Monier de la Sizeranne relève quelques lignes des Mémoires de Mme Campan, où elle parle d'un homme qui, avant la Révolution, se trouvait sans cesse à Versailles et à Trianon sur le passage de Marie-Antoinette et qu'on appelait *l'amoureux de la reine*. Cet original, d'après lui, ne serait autre que Rougeville : c'est là une fiction, je le sais bien; mais c'est aussi un indice de la croyance générale à l'amour du *chevalier de l'œillet* pour Marie-Antoinette.

mot des Italiens doit servir de réponse : *Qui le sait !*

Et maintenant quittons le roman[1] pour rentrer dans l'histoire.

---

[1] Non sans avoir noté pourtant qu'un *grand dictionnaire* célèbre, en rendant compte a l'article : *Chevalier de Maison-Rouge*, du livre de Dumas, en donne une analyse à ce point fantaisiste qu'il fait s'enfuir ensemble les deux héros du récit, Maurice et Geneviève, qui, dans le roman, sont bel et bien guillotinés.

VI

Qu'était donc devenu Rougeville?

C'est par lui seulement que nous l'apprenons. Voyant le succès de la conspiration compromis, apprenant que Michonis, Fontaine, les Richard étaient arrêtés, il quitta, le 3 septembre, sa maison de Vaugirard, emportant une petite provision de linge et s'enfuit.

Le jour même, sa tête était mise à prix, son signalement répandu à profusion, et l'on dépêchait à ses trousses l'inspecteur Baudrais, l'un des plus fins limiers de la police révolutionnaire. Celui-ci mit tous ses agents en campagne, organisa des *souricières* à toutes les maisons où l'on pouvait penser que le fugitif se réfugierait ; tout fut inutile, Rougeville était bien caché.

Il avait élu domicile dans les carrières de plâtre de Montmartre : de là, sortant pendant la nuit, il

suivait les événements. Quelle dramatique et pas-
sionnante histoire on pourrait écrire s'il avait pris
le temps et la peine de consigner sincèrement
ses souvenirs. L'odyssée de cet homme, en lutte
ouverte avec la société, dormant dans un souterrain, narguant la police, allant, en cachette et
sous un déguisement, frapper à la porte de quelqu'un de ses complices, formerait un récit plus
attachant encore que le roman dont il est le héros.
Écrire ses mémoires? Il y songeait bien ma foi!
Le temps qu'il passa ainsi à dépister les policiers
fut employé par lui — du moins il s'en vante, —
à composer une sorte de pamphlet qu'il intitula
follement : *Les crimes des Parisiens envers leur
reine, par l'auteur des œillets présentés à la reine
dans sa prison.* Il fit de ce factum plusieurs copies
— aujourd'hui perdues sans nul doute — et il les
envoya à la Convention, aux Comités, au président
du Tribunal révolutionnaire. Puis, la conscience
ainsi en repos, il prit tranquillement le chemin de
la Belgique.

Ici encore nous manquons de détails sur ce
voyage qui dut s'effectuer dans les premiers jours
d'octobre, et qui fut certainement mouvementé,
si l'on en juge par les émouvantes péripéties dont
furent victimes ceux qui, comme Dulaure par

exemple, gagnèrent la frontière dans des conditions à peu près semblables. Peut-être, après tout,
Rougeville prit-il simplement place dans la diligence: il était un de ces hommes auxquels toutes
les audaces réussissent.

Quoi qu'il en soit, il arrivait, le 12 octobre, à
Bruxelles [1] : il se trouvait là au centre de l'émigration.

Bruxelles avait été occupé par les troupes françaises le 13 novembre 1792; mais, après la dé-
route de Dumouriez, les Bruxellois, que les exac-
tions des vainqueurs avaient indignés, rouvrirent
leurs portes au prince de Cobourg: il reprit possession de la ville le 15 avril 1793, et avec lui
rentra une foule d'émigrés, aigris, appauvris, non
découragés cependant, et toujours présomptueux,
que le court séjour de l'armée française avait for-
cés à s'éloigner momentanément.

Ces émigrés firent à Rougeville un accueil assez
froid. Ils ignoraient, sans doute, son dévouement à
la cause royale, et, s'il ne résista pas à leur raconter son entrevue avec la Reine, il dut le faire
en termes tels que la chose parut invraisemblable,
ou tout au moins exagérée. En outre, il nourrissait

---

[1] On verra avec quelle énergie Rougeville se défendit plus tard
d'avoir émigré.

contre l'émigration une haine violente qu'il ne
cherchait pas à déguiser. Il ne pouvait excuser —
et en cela il nous semble sincère — ceux qui tenaient de la monarchie leurs titres et leur fortune
d'avoir déserté la terre de France à l'heure où le
roi et la reine avaient besoin de tous leurs serviteurs. Il ne leur pardonnait pas d'avoir mendié le
secours de l'étranger ; même il avait rédigé à leur
adresse une sorte de manifeste où nous relevons
ces phrases, curieuses à relire quand on sait comment il devait terminer son aventureuse existence :
« Vous avez cherché des amis dans vos plus grands
ennemis ; vous avez cherché des protecteurs, des
soutiens, des défenseurs de votre roi et de votre
patrie dans ceux qui en désiraient la destruction
et l'anéantissement. En coalisant toutes les puissances pour votre roi et pour vous, vous les avez
réunies pour vous vaincre... D'ailleurs, moi, je
dis : quelles que belles que soient leurs victoires, je
n'en saurais être content... J'aimerais beaucoup
mieux vous entendre parler ici de République que
d'entendre la renommée parler si avantageusement
des puissances [1] ! »

Rougeville ne devait pas, on le verra, toujours

____

[1] Archives nationales, F7, 6,413.

parler ainsi ; mais on peut juger qu'un tel langage, tenu par un vulgaire fils de traitant, n'était rien moins qu'agréable aux vieux nobles intransigeants qui s'étaient figuré que la France ne pourrait se passer d'eux, et qui, depuis trois ans, étaient réduits à végéter tristement à la suite de l'armée de Cobourg. Cet homme, qui avait dîné avec les jacobins, qui s'était courageusement jeté dans la mêlée révolutionnaire, qui avait goûté des prisons de la Terreur et vécu en paria de la société dans les carrières de Montmartre, était pour eux un reproche vivant. Aussi préférèrent-ils ne pas croire un mot de son étonnante histoire et le considérer comme un plat aventurier. Trois mois à peine s'étaient écoulés depuis l'arrivée de Rougeville a Bruxelles, que, dénoncé comme un espion des armées révolutionnaires — lui qui, à Paris, était regardé comme un agent de Cobourg ! il fut appréhendé au corps et interné aux prisons de Treuzenberg.

Et alors, ne pouvant plus conspirer, il se remet à écrire. Le long rapport qu'il adressa de son cachot au prince de Metternich, est une des pièces les plus curieuses de son dossier : il y raconte toute sa vie, y expose tous ses actes : nous avons déjà puisé là bien des renseignements sur sa conduite pendant la Révolution ; mais, dût cet emprunt faire double emploi avec certaines pages qui précèdent, nous ne pouvons passer sous silence le récit qu'il trace, dans ce rapport, de la conspiration de l'œillet : par les faits nouveaux qu'il contient, aussi bien que par son style solennel et ampoulé, ce document nous semble devoir être conservé, au moins dans sa partie la plus intéressante.

« La mort du roi, dit-il, m'accabla extrêmement, mais ne m'abattit pas, puisqu'il me restait l'espoir de sauver la reine et ses augustes rejetons. Aussi ai-je reparu sur la scène, non avec plus de fermeté et de valeur, mais avec celle que la rage de l'horreur d'un tel forfait peut inspirer à un homme vraiment attaché à ses souverains et à ses devoirs. Je vis encore une fois tous mes affidés, leur fis sentir combien il était instant que chacun d'eux s'occupât, en particulier, de faire le plus de prosélytes qu'ils pourraient, afin de sauver les Français d'un second crime et de punir les autres du premier ; qu'en un mot il fallait sauver la reine et son auguste famille.

« Dans le cours de ces négociations, je ne sus sans doute point assez celer mon indignation sur le premier attentat, et je fus encore arrêté le

31 mai 1793. Je restai dans les prisons des Madelonnettes trois semaines, au bout desquelles je parvins à en sortir par le moyen des administrateurs que j'avais séduits à prix d'argent ; j'avais distingué parmi eux le S\ Michonis auquel je m'attachai particulièrement ; en effet, c'est Michonis qui, le 28 août, m'introduisit chez la reine, alors détenue dans un horrible cachot à la Conciergerie. Je lui remis deux œillets, chacun renfermant un billet où était le plan bien concerté et sûr de son évasion, moyennant qu'elle voulût bien s'y prêter A peine fus-je entré dans l'antre obscur du dépôt sacré et du gage précieux que fit la magnanime Thérèse à la France, à peine mes yeux avaient-ils aperçu cette auguste victime, que je la vis près de moi et me prenant et serrant la main. — *Malheureux*, me dit-elle, *votre témérité me fait frémir ! Savez-vous à quel danger vous vous exposez en pénétrant dans mon séjour affreux ! — Ne vous occupez pas de moi*, lui répondis-je ; *un de vos cheveux est plus précieux que ma personne. J'ai de l'argent, des hommes, des administrateurs, enfin des moyens sûrs pour vous tirer de cette sinistre habitation. — Fuyez*, me dit l'auguste victime, *faible, épuisée comme je le suis, en quoi puis-je vous aider ? Encore quelques moments et*

la nature va épargner aux scélérats le dernier des crimes. — Grand Dieu de quel spectacle affreux ai-je été témoin, un spectre tout défiguré, la mort empreinte sur sa royale figure. Le simple récit glace d'horreur, et c'est vous, être auguste, qui avez tressailli à ma vue par le danger que j'encourais en pénétrant dans votre cachot, tandis que je venais pour vous y soustraire ou mourir à vos pieds ; c'est vous, dis-je, qui deviez en être effrayée, qui a été la seule à le contempler de sang-froid, tant l'héroïsme de la vertu est au-dessus de toute crainte.

« Le 30, je parvins encore à pénétrer dans sa prison, mais avec de nouvelles précautions et sous un autre costume. C'est dans cette entrevue que je remis à Sa Majesté 400 louis en or et dix mille livres en assignats, et qu'il fut arrêté, malgré l'extrême faiblesse où elle se trouvait, que ce serait la nuit du 2 au 3 septembre. Toutes choses bien concertées, accompagné toujours de Michonis, nous nous rendîmes la nuit du 2 à la prison et nous y trouvâmes la reine disposée à se prêter à toute tentative d'évasion ; nous avions déjà passé tous les guichets, et n'avions plus que la porte de la rue, lorsqu'un des deux gardes, à qui j'avais donné 50 louis en or, s'opposa avec menaces à la sortie de la reine. Il est aisé de juger du trouble où j'ai pu me trouver ; la douleur peut être sentie, mais jamais se décrire.

« N'ayant enfin plus que des larmes à verser sur le sort de mes augustes souverains, et cette dernière démarche ayant attiré l'attention de tous les assassins, je pris le parti de me réfugier dans les carrières de Montmartre, où, dans les angoisses de ma douleur, j'ai travaillé à répliquer à une brochure intitulée : *La grande découverte du grand complot de l'enlèvement de la reine par un chevalier de Saint-Louis et de Cincinnatus,* qu'avait déjà faite (sur cette dernière tentative) le trop célèbre et scélérat *Père Duchesne.* Cette réplique avait pour titre : *Les crimes des Parisiens envers leur reine par l'auteur des œillets présentés à la reine, dans sa prison,* et je fus moi-même en déposer plusieurs exemplaires, avec ma fermeté ordinaire, sur les bureaux de la Convention nationale et du Tribunal révolutionnaire, quelques moments avant l'ouverture de leurs criminelles séances. C'est à cette époque où ils me traitèrent d'audacieux, mirent tout en usage pour m'arrêter, firent les plus sévères perquisitions et visites domiciliaires de jour et de nuit, firent fermer les barrières de cette criminelle ville, envoyèrent mon signalement dans toutes les sections, dans tous les départements, enfin mirent ma tête à prix. Quoi qu'il en fût, je sus encore tromper leur diabolique vigilance et je parvins, à travers les plus grands dangers, à me rendre, le 12 octobre 1793, auprès de Son Altesse le prince de Saxe-Cobourg à qui je fis part des intentions de la reine. Ce prince, aussi pénétré de la position affreuse où se trouvait Sa Majesté que flatté de la marque de confiance qu'elle me témoignait, me dit que cette mission regardait directement le Gouvernement; il me pria de vouloir bien me rendre à Bruxelles pour conférer avec lui, et me donna un officier pour m'accompagner.

« Je me rendis donc chez M. le comte de Mercy avec la lettre dont le prince m'avait chargé : à son départ, je me suis transporté chez Votre Excellence où je la suppliai d'en faire la lecture. Alors Son Excellence me dit qu'elle me ferait prévenir du moment où je pourrais conférer ensemble. L'après-midi, je vis arriver chez moi l'adjudant de M. le général Bender, qui me dit que Son Excellence me faisait prier de ne point communiquer avec aucun émigré, même de m'abstenir de manger à la table d'hôte. Mon imperturbable attachement pour mes souverains me mettait à l'abri d'une telle recommandation. Effectivement, plusieurs émigrés m'abordèrent et vinrent me féliciter sur ma loyale conduite tenue en France : « Je suis, leur dis-je, aussi indifférent sur les louanges que sur le blâme, heureux seulement d'avoir rempli un devoir sacré, et il me suffit d'avoir l'estime de moi. » Ils me firent part de leur détresse : je leur répondis que mes ressources n'étaient que de prévoyance, et, comme ils ne pouvaient m'assurer l'époque juste de notre rentrée en France, je ne pouvais leur être d'aucun secours. Ils me demandèrent le sujet de ma mission ; je les traitai d'indiscrets. Ils me proposèrent de leur acheter de faux assignats ; je leur répondis que je n'adoptais pas même les vrais, et que, d'ailleurs, il existait une loi qui punissait de mort les contrefacteurs. Aucunement satisfaits de ma réception et de mes réponses, ils me laissèrent, mais ils s'assemblèrent au Parc, formèrent ensemble un conciliabule au grand salon, au café de la *Montagne de la Cour*. Là ils délibérèrent les moyens les plus sûrs pour attaquer ma réputation. C'est alors qu'ils me traitèrent d'espion, de *Carmagnol*. J'eus l'honneur d'en prévenir Son Excellence qui me dit que j'étais au-dessus de tout cela et que le mépris était l'arme de la vengeance.

« Je me résume donc à supplier Son Excellence de vouloir bien analyser ma conduite depuis 1789 jusqu'à mon arrivée et mon séjour à Bruxelles, dont une partie des pièces authentiques et détaillées sont dans ses mains. J'en ai d'autres qui viennent encore à l'appui de ce que j'avance ; ce sont des lettres de M. de la Porte, ministre intime de Sa Majesté et de M. le maréchal duc de Brissac, enfin de MM. de Malesherbes et de Sèze, défenseurs officieux de leurs Majestés, qui furent chargés par elles de me faire part de leurs sentiments pour moi.

« Je pourrai ajouter que, né de la province d'Artois, jadis soumise à l'empire de Sa Majesté l'empereur et à la domination de ses ancêtres, nous avons toujours conservé nos anciens principes de respecter Dieu et les rois. Les miens ont été principalement chéris de la maison d'Autriche et lui ont sacrifié de tout temps leur sang. Le dernier, qui était le premier de mes frères est encore mort au service de Sa Majesté l'empereur, le 5 mai 1785, en qualité de premier lieutenant au régiment de Richecourt chevau-légers [1]. »

Rougeville concluait en suppliant le comte de

---

[1] Archives nationales, F7, 6,413.

Metternich d'implorer en son nom la clémence de l'Empereur et d'obtenir sa liberté.

Ce rapport, dont la minute fut saisie plus tard chez l'incorrigible conspirateur, fut écrit le 23 mars 1794[1]. Le comte de Metternich ne daigna pas y répondre; mais Rougeville n'était pas d'un caractère à se contenter d'attendre en prison le bon plaisir ou le caprice de Sa Majesté Impériale et Royale : on ne voulait pas l'entendre? Soit! Il se passerait de protecteur : et il mit aussitôt son esprit inventif en quête d'un projet d'évasion.

Ce projet, les papiers de Rougeville nous l'ont seuls révélé : non point qu'il y soit exposé ni conté; à première vue même, on passe sans grande attention sur les lettres qu'on va lire, et qui paraissent être des réponses à quelque nouvelle supplique; mais un examen plus attentif, la comparaison des dates, de menus indices, plus probants encore, viennent éclairer l'habile machination imaginée par le prisonnier, et l'on finit par connaître son subterfuge, aussi bien que s'il en avait lui-même fait l'aveu complet.

Disons tout de suite que cette machination reposait sur un faux fabriqué de toutes pièces. On

---

[1] Cette minute, par une erreur de plume évidente, est datée mars 1793.

s'apercevra, du reste, dans la suite de ce récit, que Rougeville n'était point le héros pur et sans tache que le roman a représenté. La légende s'est plue à faire de celui qui avait tenté de sauver la reine un être presque idéal, un chevalier sans reproches, quelque chose comme l'attendrissant Blondel, de *Richard*. La vérité est bien plus humaine et aussi bien plus pittoresque : du jour où Rougeville entra en lutte contre la Révolution, son premier soin fut de mettre de côté tous scrupules. Se sentant en présence d'adversaires que les principes et l'honneur ne gênaient pas, il voulut les combattre à armes égales : et alors commença pour lui cette existence de déguisements, de mensonges, de ruses, de tromperies, où il semble se mouvoir sans aucune gêne. Réfléchissait-il à tout cela seulement ? Je ne le crois pas. Il avait *le don ;* il était né conspirateur, et j'imagine que cette singulière aptitude exclut en premier lieu la franchise et la droiture. Si l'on éprouve quelque malaise à mentir, à prêter de faux serments, à duper les gens, à les compromettre au moment opportun, le plus simple est de ne point se mêler à un complot qu'une telle délicatesse suffirait à faire échouer du premier coup.

Donc Rougeville souhaite sortir de prison : il

s'adresse à qui de droit ; sa requête n'a aucun succès. Et comme, dans l'intervalle, ce désir — très explicable d'ailleurs — n'avait fait que s'aviver, son imagination toujours en éveil, lui fournit un moyen moins banal de reconquérir sa liberté.

Il écrit au prince de Cobourg, alors occupé à guerroyer dans le nord de la France, et lui expose humblement sa situation : il n'omet pas le récit de son dévouement à la reine, il dit le danger qu'il a couru, il fait ressortir comment les émigrés, honteux de leur propre inaction, se sont vengés de ses vertus en le faisant emprisonner. Il signe cette supplique *Wetzamarles de Rougeville*, accolant ainsi à son nom celui de son frère mort au service de l'Autriche ; puis, il expédie sa lettre et attend, bien tranquille sur le résultat de sa demande.

Ceci se passait à la fin d'avril 1794. Le prince de Cobourg était à cette époque à Cateau-Cambrésis où, assisté du duc d'York, il venait de remporter, sur les troupes françaises, une victoire qui avait ouvert aux coalisés les portes de Landrecies. Il avait, il faut le reconnaître, d'autres soucis que les malheurs de Rougeville, qui, d'ailleurs, lui était parfaitement inconnu. Aussi la lettre qu'il lui fit répondre par un de ses secrétaires était-elle d'une sécheresse déconcertante :

« Cateau, ce 9 mai 1794.

« C'est le Gouvernement[1] qui a ordonné la détention de M. de Rougeville. C'est au Gouvernement qu'il doit s'adresser pour la faire finir. Sa
requête a été mise dernièrement au cabinet de
S. M. l'empereur.

« Le maréchal prince de Cobourg n'a ni le temps
ni la vocation de s'occuper d'une affaire qui est
étrangère à ses fonctions et doit se contenter, par
conséquent, de souhaiter que le sort de M. de
Rougeville soit adouci le plus tôt possible[2]. »

Et cette note impitoyable est revêtue de cette
signature autographe que le prince y daigna
apposer :

F. COBURG,
F. M.

C'est tout ce que Rougeville désirait. S'il ne
bondit pas de joie à la réception de cette lettre,
s'il ne perdit pas son temps à bénir le prince qui,
si complètement, donnait dans ses panneaux, c'est
qu'il avait mieux que cela à faire. Et le voilà qui,
pendant plusieurs jours, s'exerce à reproduire
à main levée cette toute-puissante signature :

[1] Autrichien.
[2] Archives nationales, F7, 6,443.

F. Côburg, équivalant pour lui : au *Sésame, ouvre-toi* des *Mille et une nuits*. On retrouve encore dans ses papiers un chiffon sur lequel sa main s'est appliquée à lancer d'un trait de plume rapide et délié l'F et l'M (Feld-Maréchal), qui forment le paraphe. Et je dois dire qu'il semble avoir atteint rapidement, en ce genre d'exercice, une habileté extrême.

Sûr de lui désormais, il mit de côté la dédaigneuse réponse du prince et s'adressa à lui-même la lettre, quelque peu plus chaude, que voici : il n'oublia pas même, pour plus de vraisemblance, d'y glisser une faute de français qui authentifiait, en quelque sorte, la prose de l'Altesse allemande.

« Le prince de Coburg à M. de Rougeville.

« S. M. l'empereur me charge, Monsieur, de vous faire part de ses sentiments de gratitude pour les distingués et loyales (*sic*) services que vous avez rendus jusqu'au dernier moment à votre souverain et principalement à la reine. Il m'ordonne en même temps de vous engager à reprendre votre ancienne charge de capitaine des gardes du prince d'Holstein-Hohenloë avec rang de lieutenant-colonel, ou la place de chef d'escadron du régiment Karackay chevau-légers, ci-devant Richecourt,

vacante par la mort de M. de Gouzze de Wetzamarles, votre frère aîné extrêmement regretté de
ses chefs, de ses camarades et de ses soldats [1]. »

Il antidata pour plus de vraisemblance, du quartier général de Mons, le 13 février 1794, et il signa
bravement : F. Coburg, F. M.

Le subterfuge était moins grossier qu'il peut le
paraître. Les Pays-Bas Autrichiens étaient alors
dans une situation politique assez confuse. D'abord
révoltés contre l'autorité de l'empereur, ils avaient
été conquis et occupés par les Français; les
troupes coalisées s'en étaient emparées de nouveau, et l'Autriche y avait rétabli un semblant
d'administration. Mais le désarroi y était grand.
Quant aux deux personnages mis en jeu dans
cette lettre, ils étaient loin : Cobourg, en France,
menait la campagne ; encore quelques semaines,
et il allait être si complètement battu à Fleurus,
que, dépité, découragé, définitivement vaincu, il
devait se résoudre à abandonner son armée et à
vivre dans la retraite. L'empereur, à Vienne,
avait bien d'autres préoccupations, ma foi! que de
savoir si Rougeville faisait bon ménage avec les

----

[1] Cette lettre ne figure naturellement qu'à l'état de brouillon
dans les papiers de Rougeville : le pseudo-original n'était pas, en
effet, destiné à rester dans son portefeuille.

émigrés ou s'il s'ennuyait en prison. Et puis, qui aurait été assez soupçonneux pour suspecter une telle lettre? Qui aurait poussé la méfiance jusqu'à en contrôler l'authenticité? Il eût fallu, pour cela, interroger ou l'empereur ou Cobourg, et l'idée, certes, n'en vint à personne.

Rougeville, d'ailleurs, avait pris ses précautions : afin de pouvoir soutenir, au besoin, qu'il avait été la première et naïve victime d'un faussaire, il tenait tout prêt le brouillon d'une réponse qu'il était censé avoir adressée au prince, réponse où, tout en se confondant en remerciements, il refusait hautement les généreuses propositions de l'empereur : « Non, certes, il n'accepterait pas les fonctions de lieutenant-colonel dans l'armée autrichienne; sa place était en France, et il ne demandait sa mise en liberté que pour courir à Paris, se dévouer encore à la cause royale et chercher à sauver le jeune roi Louis XVII. »

Quel fut le succès de cette comédie? Nous l'ignorons. Le faux de Rougeville lui ouvrit-il les portes de sa prison? C'est probable. Le moyen de garder sous les verrous un homme à qui l'empereur fait part de *ses sentiments de gratitude* et offre un haut emploi dans son armée? Dut-il, au contraire, attendre jusqu'aux premiers jours de juillet 1794 l'heure où, les Français approchant, l'Autriche dut forcément relaxer tous les prisonniers politiques? C'est possible. Ce qui est certain, c'est qu'il reprit vers cette époque le chemin de Paris. Le 9 thermidor venait de mettre fin à la Terreur ; et, si la Révolution durait toujours, l'échafaud, du moins, allait prendre quelque repos. L'heure était bonne pour conspirer.

<h1 style="text-align:center">VII</h1>

<h2 style="text-align:center">LE ROUGYFF</h2>

La Révolution a donné naissance à certaines figures dont la psychologie déconcerte toute analyse. En supposant que par fanatisme politique on arrive, non pas à excuser, mais à expliquer Robespierre, Saint-Just ou Lebon, il est d'autres hommes dont la physionomie restera, à tout jamais incompréhensible et répugnante. Tel, par exemple, le savetier Simon, auquel échut l'odieuse mission de torturer un enfant de huit ans ; tel le conventionnel Lequinio, qui forçait les enfants de ses victimes à marcher dans le sang de leurs pères ; tel le député Javogues, qui se montrait nu dans les rues de Feurs pour rappeler à ses administrés la simplicité antique ; tel Hébert, l'inventeur et le rédacteur de cet épouvantable *Père Duchesne* qu'on ne peut, après cent ans, feuilleter sans frémir.....

Armand-Benoît-Joseph Guffroy a droit à une

place d'honneur dans cette galerie de monstres.
Compatriote de Robespierre et de Lebon, il avait
été nommé procureur-syndic du district d'Arras.
Député à la Convention, il demanda, lors du procès du roi, que, pour punition de ses forfaits,
Louis Capet, comme tout autre criminel, périt
dans les vingt-quatre heures sur un échafaud, revêtu des habits ci-devant royaux! Ce n'était là
que le prélude. Après la mort de Marat, on vit
Guffroy continuer sous un nouveau titre, mais avec
la même violence, le journal rédigé par cet être
immonde. *Le Rougyff* (anagramme du nom de
Guffroy) était spécialement destiné à fanatiser l'armée. Son premier numéro parut en juillet 1793
Il avait pour épigraphe ces paroles de l'hymne de
la Fête-Dieu :

> *Recedant vetera,*
> *Nova sint omnia,*
> *Corda, voces et opera.*

que l'auteur profanait en traduisant ainsi ·

> *Au diable les vieilles breloques de la royauté;*
> *F... tout à neuf;*   [*républicaines!*
> *Le cœur sur la main, les discours francs et les actions*
> *C'est ça un cantique! ah! F...! »*

Cette feuille avait reçu des encouragements pé-
cuniaires de la part du Gouvernement. Sur les fonds
du ministre de la Guerre, Bouchotte avait pris cinq
mille abonnements au *Rougyff*, Duquesnoy avait
souscrit pour six cents, et les commissaires à l'armée du Nord pour trois mille. [1] Et c'était de la
belle et bonne littérature révolutionnaire, comme
on peut le croire. Quelques extraits de ce journal
feront connaître Guffroy qui va être appelé à entrer en scène dans l'histoire que nous racontons.

« Tous les complices de la Corday n'ont f... pas
été rasés ; non f..., car il faut bien jurer ; ça sou-
lage : non f..... les complices de cette guenon n'ont
pas tous été rasés comme elle ; ils le seront, pas
vrai, Charlot [2] ? Allons, vite, allons, que la guillotine soit en permanence dans toute la République.
Tribunaux, à l'ouvrage !

« *Remède républicain.* Convention nationale,
peuple français, veux-tu être paisible ? Montre-
toi terrible à tes ennemis. Écrase tous ceux qui
s'opposent à ton bonheur... Fais qu'ils se taisent
ou qu'ils périssent, y en eût-il plusieurs millions.
Le bonheur de la majorité doit l'emporter ; la

[1] A. **Paris** *Histoire de Joseph Lebon.*
[2] Surnom du bourreau de Paris, qui se nommait *Charles-
Henri Sanson.*

République française aura encore assez de vingt millions d'habitants ennemis des rois, des intrigants, des prêtres et de tous les dévorateurs de l'espèce humaine. *Recedant vetera* [1].

« Le fluide du corps politique était vicié ; on ne le purge pas ; on le fait couler, c'est le seul remède [2].

« Je sonne le tocsin sur tous ceux qui voudraient savonner le général Moustache [3]. On a beau faire, il faut que le rasoir national en fasse une prompte justice. A Rome, sur une de ses lettres, la hache du licteur lui aurait fait rouler la tête. Vite, vite, qu'on le fasse jouer à colin-maillard avec la guillotine [4].

« Je vois chaque jour se préparer et s'avancer... la formation des vertus républicaines ; mais, pour arriver au bonheur que je présage, que d'écuries à balayer ! Il y en a une au moins dans chaque famille française. A bas ! à bas !..... guillotinez, guillotinez tous les traîtres ; chassez loin du territoire français tous les adhérents de la trahison [5].

« Pourquoi la Vendée existe-t-elle encore ?

---

1 *Le Rougyff*, n° 7.
2 *Le Rougyff*, n° 8.
3 Custine.
4 *Le Rougyff*, n° 16.
5 *Le Rougyff*, n° 24.

Manière de la détruire : faire une battue de bêtes
féroces. Je le répète, c'est une battue de bêtes
féroces qu'il faut faire, jusqu'à ce qu'on promène
dans toute la France la tête du dernier des scélérats qui compose l'armée catholico-royalo-scé-
lérate. Haro, haro, haro ! et toujours au pas de
charge [1] ! »

Mais lorsqu'il apprend que Marie-Antoinette est
transférée à la Conciergerie, que son procès est
proche, sa joie devient délirante, sa prose sanglante
se fait lyrique :

« Que dirons-nous du décret relatif à Marie-
Antoinette, la tigresse ? Ah ! parlons, mes amis,
parlons ; c'est ça un décret. Oui, f... il est éner-
gique, celui-là. La ci-devant reine va être jugée
comme une sans-culotte : voilà de l'égalité, ça !

« Eh bien ! ce sera encore mieux égal quand
elle aura essayé le collier de l'égalité. Ça ne coûtera pas si cher que le *Collier-Rohan*. La pauvre
femme ! elle aimait si fort son gros c... qu'elle a
voulu le suivre jusqu'à la mort !... Ah ! mille
bombes, ça fait quasiment rire : cette Autrichienne
a voulu tâter du Capet... eh bien ! Elle en tâtera
jusqu'au bout. C'est f... Pourquoi diable aussi

[1] *Le Rougyff*, n° 52.

vouloir être madame Capet? Capet... ah! dame, plus de Capet... Dès l'origine ces Capet avaient la tête trop grosse. Eh bien! tête à bas, tête à bas, madame Capet. Tel est le prononcé de la conscience du jury national. Je n'ai pas peur d'être démenti.

« Je sonne mon tocsin à toutes les oreilles françaises sur l'infernale Marie-Antoinette. Elle a paru à la Conciergerie avec l'insolence de la p... de Jupiter. Ces b... de dieux de l'ancien temps ont une marque incorrigible. Il n'y a que la guillotine qui puisse effacer leurs grimaces et les empêcher de nous faire la figue. On la mène, alerte, alerte, crak, que tout soit dit!

« Ne nous laissez pas berner par une idée brissotine que l'on voudrait réchauffer. *Gardez Marie-Antoinette pour faire la paix*, vous dit-on sourdement, et moi je vous dis : Faites lui faire le saut de carpe en avant, les mains derrière le dos. » [1]

Qu'on nous pardonne cette réflexion : mais ces stupéfiantes strophes touchent presque au grandiose, tant est vive l'horreur qu'elles inspirent. Ces courtes phrases hachées avec un art infernal, ce

[1] *Le Rougyff*, n° 7.

style, tranchant comme le couteau de la guillotine, sont si loin de la rhétorique ampoulée et redondante à la mode en 1793, qu'on ne peut s'empêcher de leur trouver une sorte de beauté farouche et terrifiante.

Mais la reine est condamnée: elle est morte; son oraison funèbre écrite par *le Rougyff* nous a conservé quelques détails curieux sur l'attitude du peuple de Paris voyant conduire à l'échafaud la princesse que jadis il avait tant adulée.

« Un mot sur le supplice de Marie-Antoinette. Le ciel a souri à cet acte de justice, et j'aurais voulu qu'imperturbable comme le destin le peuple français eût été tout à fait grand ce jour-là. Quel spectacle imposant qu'eût été celui de voir passer cette femme avec deux gendarmes et l'exécuteur de la volonté du peuple. Cet isolement eût prouvé à mes yeux que la France était bien régénérée.

« Je ne m'étonne pourtant pas de l'affluence qui s'est trouvée partout sur le passage de cette femme : il est bien naturel d'éprouver quelque satisfaction de voir exterminer la cause de tous ses maux.

« C'eût été une chose intéressante à voir que le spectacle d'une reine conduite au supplice au milieu de la satisfaction silencieuse d'un grand

peuple. Et l'on en aurait joui sans la sotte pétu-
lance, sans l'imbécile consigne, donnée par je ne
sais quel plat despote, d'empêcher les hommes
d'être à leurs croisées avec leurs femmes et leurs
enfants. Cette sottise prolongée a tout troublé; la
majesté du peuple a été éclipsée par ce bruit
bête et insolent: *à bas, à bas:* il y avait même
de *ces machines à consigne* qui obligeaient les
citoyens à ôter leurs chapeaux.

« Cette tigresse n'est plus; mais gare les tyran-
neaux[1]. »

Comment se fait-il que ces pages hideuses, suf-
fisantes pour souiller d'une éternelle infamie la
mémoire de leur auteur, n'aient pu le protéger
contre l'accusation de *modéré* portée contre lui à la
tribune des Jacobins? L'histoire de la Révolution a
de ces dessous inexpliqués. Comme il ne me coûte
aucunement de soupçonner Guffroy de toutes les
bassesses et de toutes les lâchetés, je pense, sans
crainte de porter un jugement téméraire, que les
gens bien informés d'alors acquirent la certitude
qu'il s'était laissé acheter par les Dantonistes. Et
voilà qui expliquerait comment, après avoir clamé

---

[1] *Le Rougyff*, n° 85.

à tous les échos qu'on pouvait guillotiner quinze millions de Français, *que la France aurait assez de vingt millions d'habitants, le Rougyff* devint tout à coup partisan de la clémence et de la modération : si l'intérêt pécuniaire n'opéra pas cette conversion, c'est à la peur qu'il faut l'attribuer : aucun sentiment élevé, aucune opinion sincère ne pouvant être raisonnablement invoquée lorsqu'il s'agit d'un homme tel que Guffroy. Cet énergumène, chassé des Jacobins comme contre-révolutionnaire, déclare aussitôt aux terroristes une guerre de brochure et de pamphlets, et s'attaque particulièrement à Lebon, le bourreau de l'Artois, qu'il trouvait tiède quelques semaines auparavant; il le dénonce comme un despote, un tyran sanguinaire, il retourne contre cet ancien ami les métaphores meurtrières qu'il décochait jadis à la reine.

Cet attitude lui valut la vie sauve au 9 thermidor. Il était passé à temps du camp des terroristes cyniques au camp des terroristes hypocrites. Ceux-ci ayant la victoire, il jugea opportun de se ranger définitivement sous leur drapeau.

Et le voilà qui se signale comme un des plus fougueux réacteurs; ayant eu soin de se faire nommer membre de la Commission chargée d'inventorier les papiers de Robespierre, il en profite pour anéantir les pièces qui constateraient ses propres friponneries ; il ne parlait jamais, d'ailleurs, que de son intégrité, de sa conscience et de ses vertus.

Tel était l'homme que le héros de ce livre allait trouver sur sa route ; mais, avant de conter ce qu'il advint de leur rencontre, il n'est pas inutile d'esquisser en quelques mots la situation dans laquelle Rougeville retrouva la France lorsqu'il revint de l'étranger. D'abord il eut l'illusion, commune alors à tous les royalistes, que la Révolution était terminée et qu'une restauration était proche. A l'enthousiasme, réel ou factice, de 1789 et de 1792, avaient succédé la lassitude et le découragement. Tous ces hommes qui, depuis le 10 août, se succédaient au pouvoir et dont quelques-uns avaient apporté au gouvernement du pays des mœurs de détrousseurs de grand chemin, n'avaient, avec tout leur génie, amené qu'un résultat : *la France mourait de faim.*

Jamais nation ne fut plus misérable : à Paris le pain coûtait jusqu'à vingt-cinq sous la livre et les assignats n'y donnaient point droit. On passait les nuits devant les boutiques des boulangers ; l'hiver, on s'entassait aux portes des sections. Le voyageur qui partait de Paris ne pouvait même pas emporter une livre de pain. On ramassait au coin des rues de pauvres gens tombés d'inanition ; des pères de famille sciaient devant leur porte leur bois de lit pour se chauffer : les journaux étaient remplis de recettes économiques pour faire des pains de racines, des bouillies de choux ou de patates. Volney enseignait des façons de faire cuire le riz usitées en Asie, et invitait les Parisiens à se modeler sur les parias de l'Inde [1]...

La province n'était pas plus heureuse: dans les contrées riches de la Meuse, la ration des ouvriers était réduite à un quart de livre de pain par jour: celle des femmes et des enfants à *moitié* [2] ! Un fonctionnaire écrivait: « Depuis huit mois le peuple mangeait du pain qui répugnerait à l'animal le plus immonde ; il est réduit aujourd'hui à regretter cette détestable nourriture. »

Les thermidoriens accusaient de cette situation les montagnards ; les montagnards la reprochaient aux thermidoriens ; tous deux avaient raison: la cause de cette misère n'était autre que la Révolution elle-même, et le peuple, qui le comprenait, ne cachait pas ses regrets de l'ancien régime. En dépit des lois les églises se rouvraient ; la foule se

[1] J. CLARETIE, *les Derniers Montagnards*.
[2] C.-E. DUMONT, *Histoire de Commercy*.

faisait compacte autour des autels où l'on disait
la messe, et bien des fois on y entonna le vieux
plain-chant : *Domine salvum fac regem.* Le pays
affamé, appauvri, anémié, comprenait enfin qu'on
l'avait dupé et que tout était à refaire; et voilà
comment le peuple se précipita avec tant d'ardeur
à la suite du général qui, lui montrant les riches
plaines de la Lombardie, eut l'audace de crier :
« Tu es sans souliers, sans vêtements, sans pain:
l'ennemi **a** tout cela, allons le lui prendre! »

Mais, au commencement de 1795, personne ne
prévoyait cette solution : l'idée d'un pouvoir mo-
narchique nouveau, issu de la Révolution, n'était
venue à personne, pas même sans nul doute à
celui qui devait la réaliser. Ceux qui ne croyaient
pas à l'avenir de la république mettaient leur
espoir dans les Bourbons; bon nombre de citoyens
que 1789 avaient séduits souhaitaient maintenant
le retour des princes et désiraient avant tout le
calme, source de toute prospérité. Aussi les partisans de Louis XVII relevaient-ils la tête. Non
seulement, ils ne se cachaient plus d'être royalistes, ils s'en vantaient, et l'on peut juger que
Rougeville ne s'en priva pas. Il était de ceux qui,
prenant leurs désirs pour des réalités, clamaient
déjà: *Finis reipublicæ.*

Ceci explique comment sa nature ardente, irré-
fléchie, lui fit commettre une grave imprudence.
Dans les derniers jours de thermidor an III [1], il rencontra aux Tuileries le conventionnel Guffroy qui
se rendait à l'Assemblée. Il avait connu jadis Guffroy, à Arras, où celui-ci était avocat ; *le Rougyff*
était même pour une somme assez forte le débiteur du père de Rougeville. Les deux hommes se
reconnurent, allèrent l'un à l'autre et causèrent.

Rougeville, sans méfiance, avec son imperturbable aplomb, raconta complaisamment toutes ses
aventures : il dit comment il avait jadis tenté de
sauver la reine ; par suite de quelle circonstance
avait échoué son projet ; il avoua, sans se faire
prier, qu'il était passé à l'étranger, et que, sûr
maintenant de l'impunité, puisque la faction des
indulgents était au pouvoir, il était rentré à Paris,
où il habitait rue du Parc sous un faux nom.
Guffroy, lui, ne se livra pas : il songeait.

Il songeait que celui qui se confiait ainsi naïve-
ment était l'un de ses plus importants créanciers ;
que le père Rougeville, usé par l'âge et par la prison — car il avait été détenu à Arras pendant le
proconsulat de Lebon — ne vivrait plus bien long-

[1] Août 1795.

temps, et que, si le fils disparaissait aussi, sa
sa dette à lui, Guffroy, se trouverait liquidée.

Le résultat de ces réflexions fut qu'au lieu de
se rendre à la Convention, il se dirigea, dès qu'il
eut serré les mains à Rougeville, vers le Comité
de sûreté générale : il entra dans les bureaux, et
là, sur une feuille de papier à en-tête du Comité, il
rédigea une dénonciation présentant Rougeville
comme un dangereux conspirateur déjà arrêté au
31 mai, « pour avoir contribué aux événements de
ce jour, » recherché sans succès après l'affaire de
l'œillet, et s'étant rendu depuis lors près des ci-
devant princes en émigration.

Le soir même, Rougeville était enfermé à la prison des Orties, maison d'arrêt située au Carrousel et réservée spécialement aux prévenus
arrêtés par ordre du Comité de sûreté générale.

L'interrogatoire que lui fit subir, le lendemain, le
citoyen Jean Almain, l'un des chefs du bureau des
déclarations du Comité, section de la police, interrogatoire que Rougeville lui-même nous a conservé [1], prouve, à lui seul, combien les choses
avaient changé depuis la Terreur. Sans doute, le

---

[1] *Aux membres du conseil des Cinq-Cents*, par le citoyen Rougeville, détenu arbitrairement depuis deux ans. Brochure publiée
en prairial an V.

prévenu, **en** le publiant, a quelque peu arrangé
les réponses et s'y pose, à l'adresse de la postérité, en *chevalier du malheur*. Cependant certains
passages de cette pièce sont à citer, car il y revient
sur l'affaire de l'œillet et y donne de curieux détails — qu'il a cru devoir embellir malheureusement — de son entrevue avec Marie-Antoinette.

— « Êtes-vous noble? lui demande le citoyen
Almain.

— « Je le suis, répond Rougeville, par mes services militaires.

— « N'étiez-vous **pas** attaché **à** la maison de
Louis Capet?

— « Depuis 1789 je n'ai point quitté d'un instant le roi et la reine. »

Interrogé ensuite sur ses relations avec Michonis et sur la façon dont il était parvenu jusqu'à
la reine, il reprend sur un ton assez théâtral :

— « Puisque Michonis l'a avoué et que la reine
l'a approuvé, je vous dirai qu'il m'a procuré cette
entrée et cette entrevue.... Quant au contenu de
mon billet, je disais*: Je vous suis toujours resté
fidèle; je viens de rassembler les derniers débris
de ma fortune, le reste de ma maison. et relever tout mon courage pour tâcher d'aplanir toutes
les difficultés et les obstacles qui pourraient nuire*

à l'entreprise de votre évasion; mais aidez-moi.

— « Et quelle a été sa réponse?

— « *Fuyez*, me dit-elle; *votre témérité me fait frémir, et je vous prie de ne point vous compromettre; d'ailleurs, faible, épuisée comme je le suis en quoi puis-je vous aider? Encore quelques moments et la nature va épargner aux hommes le dernier des crimes... Ce n'est point le danger de ma vie qui me touche,* ajouta-t-elle; *un intérêt plus cher touche mon cœur: mes enfants sont le sujet de toutes mes inquiétudes; dérobez-les, si vous le pouvez, aux fureurs de mes assassins; alors vous les confierez à leur destinée. Allez, ami rare; qu'il vous souvienne surtout qu'ils n'accusent jamais le sein qui les a portés, et sachez qu'il faut que de ces lieux d'horreur où la douleur succombe, que vous traciez mes malheurs à la postérité, que l'avenir les lise, que l'univers en frissonne et que tous les rois en soient épouvantés. Oui, près de toutes les nations sachez peindre mon état, mes souffrances et mon courage. Au moins, de tout cœur plein de vertu et de sensibilité j'exige quelques pleurs pour hommage.* »

Et voilà l'étonnant discours que Rougeville prêta à la reine. D'ailleurs, ce n'était pas pour entendre cette prétentieuse homélie que le citoyen

Almain avait entrepris son interrogatoire. Avoir tenté de délivrer Marie-Antoinette n'était plus, en 1795, un crime impardonnable; le véritable grief porté contre Rougeville était le soupçon d'émigration.

L'accusé n'était pas de ceux que l'on prend sans vert. Sa réponse était toute prête, et il débita avec assurance la liste de ses domiciles à Paris qu'il se défendit d'avoir quitté un seul jour depuis 1790.

Cette année, il l'avait passée rue Jacob, 14; puis il avait été logé, en qualité de garde de Monsieur, au palais du Luxembourg, qu'il n'avait quitté que le 15 mars 1792 pour se mettre en garni, rue du Bac, hôtel de la Correspondance. — Du 3 juin au 10 août 1792, il avait habité le Château ou l'hôtel meublé des Tuileries, rue Saint-Honoré, 75; après la victoire du peuple, il avait erré pendant quelques jours de maison en maison, puis avait été enfermé à la prison de l'Abbaye, d'où il était sorti — il était temps — l'avant-veille des massacres. Il s'était réfugié alors au Marais, à l'hôtel Soubise; puis, avait passé le premier semestre de 1793 rue Poissonnière, n° 6[1]. Enfermé ensuite pendant un mois aux Madelonnettes, d'où il était sorti *miraculeusement* — il ne s'expliquait pas

---

[1] Voir page 68 et 263.

davantage, sans doute l'argent de Mme Atkins
avait-il puissamment aidé à sa mise en liberté
— il avait accepté à Vaugirard l'hospitalité de la
citoyenne Dutilleul. Il avouait qu'après l'affaire
de l'œillet il avait disparu pendant un mois : les
carrières de Montmartre lui avaient servi d'asile.
D'octobre 1793 au 20 avril 1794, le citoyen Delatour, docteur en médecine, rue des Barrets-Saint-
Paul, l'avait hébergé ; puis, il était passé chez Girouard, imprimeur, rue du Bout-du-Monde, n° 154,
où il était resté jusqu'au 15 mai 1795. Depuis lors,
il habitait, sous un faux nom, rue du Parc, n° 135.

Débitée avec une imperturbable audace, cette
nomenclature pouvait faire impression. Malheureusement pour Rougeville, il avait affaire à un
fonctionnaire consciencieux et ordonné, qui ne
crut pas pouvoir accepter sans contrôle les asser-
tions de l'inculpé : on le ramena donc à la prison
des Orties, et la police fut chargée de vérifier la
vérité de ses déclarations.

Ce ne fut pas une mince besogne : le monde s'était
transformé depuis trois ans ; les hôteliers avaient
fait faillite ; les immeubles avaient changé de pro-
priétaires, les témoins possibles étaient disparus,
ou morts, ou ruinés, ou émigrés ; ceux qu'on
pouvait rencontrer ne parlaient pas, craignant

de se compromettre. Et, puis, il est probable que Rougeville avait indiqué des résidences qu'il savait ne pouvoir être facilement contrôlées. Ainsi, le citoyen Delatour, chez qui il prétendait avoir habité du 6 octobre 1793 au 20 avril 1795, resta introuvable. Girouard avait été arrêté et mis à mort deux mois avant l'arrestation de Rougeville. On le mit donc en demeure de fournir lui-même des certificats authentiques : il s'en défendit, alléguant qu'après tout on ne l'accusait que d'être passé à l'étranger, qu'il défiait qu'on rencontrât son nom inscrit sur la liste des émigrés tenue avec soin par les bureaux du Comité de législation.

A ceci on fit une réponse qui mérite d'être citée textuellement : « Il est vrai que le citoyen Rougeville n'est pas sur la liste, ni sur le premier, le deuxième et le troisième supplément ; mais beaucoup de véritables émigrés ne sont pas portés sur cette liste, tandis que beaucoup de citoyens qui n'ont jamais émigré y sont inscrits. » Cette réponse donne un aperçu de ce qu'était l'Administration dont la Révolution avait doté la France, si l'on songe surtout que cet état des émigrés faisait foi pour la confiscation des biens, la prison, l'échafaud et autres pénalités réservées à ceux qui y avaient leurs noms. En somme, la dénonciation de Guffroy prévalut, et Rougeville fut, par un jugement daté du 24 fructidor an III, écroué à la Conciergerie en attendant qu'il pût justifier de ses résidences depuis le 10 août, à l'aide de certificats en bonne et due forme.

Que fit-il en prison? D'abord, et comme on pouvait s'y attendre, il essaya d'en sortir.

Il accabla de pétitions les Comités, les représentants, les bureaux, faisant valoir qu'on l'avait enfermé dans un cercle vicieux: tant qu'il serait détenu il lui était impossible de se procurer les attestations exigées, et tant qu'il ne les produirait pas il resterait détenu! Il suppliait qu'on le laissât sortir, fût-ce sous la surveillance continuelle de deux gendarmes, s'engageant à se représenter à la maison de justice s'il ne parvenait pas à réunir des pièces parfaitement en règle.

L'argument avait sa valeur; mais l'affaire était si épineuse qu'elle languit dans les cartons. Le régime conventionnel prit fin [1]; le Directoire lui succéda; Rougeville, transféré à Sainte-Pélagie, ne cessait de se lamenter; les bureaux s'obstinaient à se renvoyer la question. Un an se passa ainsi. Enfin

---

[1] Le 26 octobre 1795.

le Directoire exécutif rendit, le 8 germinal an IV, un arrêté portant que « Joseph Gouzze, dit Rougeville, se trouvant prévenu d'avoir émigré sans néanmoins que son nom fût porté sur aucune liste ; mais que ce défaut d'inscription ne pouvant le dispenser de prouver sa résidence non interrompue en France depuis le 10 mai 1792 ; que la loi du 25 brumaire an III prescrivant formellement la marche à suivre à l'égard des détenus qui ont besoin de certificats de résidence et réglant cette marche de manière à les laisser en état de détention pendant que se font les diligences nécessaires pour l'obtention de ces certificats, il n'appartenait pas aux Directeurs de rendre, même provisoirement, la liberté audit Rougeville. »

Faut-il voir, dans cette rigoureuse mesure, la main de Guffroy ? Il était encore influent en 1796, et, comme on le verra, il n'avait pas oublié Rougeville. Celui-ci, comprenant d'où venait le coup, voyant s'écrouler son échafaudage si habilement élevé, jura, en étouffant de rage, qu'il se vengerait et d'une manière éclatante. Il devait tenir son serment.

En attendant il se créait des occupations : d'abord il tenta de mettre à profit son inaction forcée en traçant le récit de ses malheurs: on s'arrachait alors une brochure de Journiac de Saint-Méard, l'un des survivants des massacres de l'Abbaye, intitulée: *Mon agonie de trente-huit heures.*

Rougeville voulut faire mieux. Il intitula son récit: *Mes quarante mille heures d'agonie, suivies de différents faits remarquables et extraordinaires, par l'auteur des OEillets présentés à la reine dans la prison de la Conciergerie à Paris.*

Mais le régime de la prison n'excitait sans doute pas suffisamment sa verve, car il nous semble bien qu'il n'écrivit jamais de cet ouvrage que le titre, assez ronflant du reste.

Il entretenait, d'ailleurs, une correspondance d'un genre plus tendre avec une personne qui ne nous est indiquée que sous le prénom d'Agathe. Ces lettres, en possession desquelles il rentra plus tard et qu'il conserva [1], sont, pour la plupart, écrites d'une écriture très serrée, sur un papier buvard; nous en avons cependant déchiffré quelques phrases:

« Les larmes de repentir ou de reconnaissance sont toujours bienséantes aux yeux des personnes honnêtes, de même que les soupirs à la bouche

---

[1] Elles se trouvent à son dossier aux Archives nationales.

d'un amant vertueux et infortuné. Je pleurs et je vous aime. »

« Je suis loin de me réjouir des victoires des puissances. Comme aimant ma patrie, je ne veux point la voir soumise à un joug étranger. »

Et puis il faisait des vers :

CHANSON QUE J'AI FAIT IMPRIMER A LA CONCIERGERIE

(Sur l'air des *Visilandines*.)

Amis qui souffrez pour l'honneur,
Dont l'infortune est le partage,
Ah ! c'est assez dans le malheur,
Quand on ne perd pas le courage.
Nos oppresseurs et nos tyrans
Ne craignent que notre constance.
S'il faut encor souffrir longtemps
Ah ! ne perdons pas l'espérance (*bis*) !

. . . .

Il est un Dieu, vous le savez,
Cette assurance nous console.
Malgré vous, vous le redoutez,
Cette vérité vous désole.
Et, si le crime a des succès,
Il ne connaît pas la constance ;
La vertu ne change jamais....
Ah ! ne perdons pas l'espérance (*bis*) :

On peut encore citer cette complainte, écrite, à n'en pas douter, par Rougeville, dans laquelle il

donne la parole au Dauphin, emprisonné au
Temple.

COMPLAINTE QUE LE DAUPHIN FIT DANS LA TOUR DU TEMPLE

(Sur l'air du *Troubadour béarnais*.)

Vous qui me faites languir
Dans une douleur extrême,
O ciel, pourquoi me haïr ?
Français, malgré tout que j'aime,
Quoi ! le fils du bon Louis
Est prisonnier dans Paris.

. . . .

Vous avez donné la mort
A votre ange tutélaire.
Vous me poursuivez encore
D'avoir eu Louis pour père.
Quoi ! le fils du bon Louis
Est prisonnier dans Paris.

Ah ! vous l'avez vu mourir
Dans la paix de l'innocence.
Son cœur qui sut vous chérir
Me défendit la vengeance.
Quoi ! le fils du bon Louis
Est prisonnier dans Paris.

Que craignez-vous donc de moi ?
Mon pouvoir a-t-il des chaînes ?
Ou, si j'étais votre Roi,

Augmenterais-je vos peines ?
Quoi ! le fils du bon Louis
Est prisonnier dans Paris.

Il était resté, d'ailleurs, en communication avec quelques amis mystérieux : le parti royaliste, nous l'avons dit, relevait la tête, sans oser pourtant combattre ouvertement le Directoire ; il est certain que, dès que le Dauphin Louis XVII fut mort, son successeur Louis XVIII entretint à Paris et dans le reste de la France des agents nombreux. Rougeville ne devait pas être oublié ; et c'est sans doute l'un de ces protecteurs inconnus qui lui adressa le billet suivant, où ses services passés sont rappelés en termes voilés :

> Vous avez voulu le bien grandement,
> Vous avez été au moment de le consommer.
> Votre secret au dehors est gardé,
> Rien au monde ne l'a violé ni violera.
> Vous paraissez encore tendre à le réaliser.
> En ce cas, sauvez qui n'a pas voulu le mal.
> Et on vous garantira avec autorité et l....?

Cette lettre énigmatique se termine par une sorte de signe de convention. Rougeville conspirait-il donc, même étant sous les verroux ? En tout cas il avait au dehors des amis influents qui ne l'abandonnaient pas, et sans doute pouvait-il leur être utile,

car ils firent tout ce qui était humainement possible pour obtenir sa liberté. Ce fut le beau temps
de Rougeville: il était devenu un personnage assez
important pour.que son sort fût débattu au Conseil même des Cinq-Cents.

Cette assemblée comptait au nombre de ses
membres un député nommé Couchery, dont la
figure — s'il était possible de l'étudier d'une façon
complète — ne serait pas sans doute moins intéressante que celle de Rougeville. Un lien mystérieux unissait ces deux hommes. Lequel ? sans
nul doute ils s'étaient trouvés mêlés aux mêmes
complots, ils poursuivaient le même but, ils faisaient partie de la même association secrète.

Couchery, en effet, depuis le commencement de
la Révolution, avait conservé intacts ses sentiments royalistes, et, s'il les avait parfois dissimulés, c'était afin de mieux servir la cause à
laquelle il avait voué sa vie. Né, le 4 avril 1768,
à Besançon, il avait émigré en Suisse à l'époque
où il était encore permis de croire que l'armée de
Condé était appelée à jouer un rôle actif dans les
évènements. Mais, ayant vite compris l'inanité de
cet espoir, Couchery rentra en France avant la
promulgation du décret qui, mettant les émigrés
hors la loi, réduisait à néant leur influence.

Il s'agita, se mit à la tête du parti réaction-
naire, fut nommé procureur de la commune de
Besançon, et, en cette qualité, signa l'adresse de
protestation contre le coup d'État du 31 mai.
Signalé comme suspect, il disparut pendant la
Terreur. Sans doute était-il de ceux qui cherchaient à sauver la reine et le dauphin, et nous
avons quelques raisons de penser que c'est à cette
époque qu'il fit la connaissance de Rougeville.

Élu député au conseil des Cinq-Cents, il s'y
posa en royaliste militant, prenant chaque jour
la parole pour dénoncer les menées des derniers
montagnards, se dépensant en démarches au profit des émigrés et des victimes de la Terreur, n'hésitant pas à se faire l'avocat de tous les partisans
de la royauté. « On craint, disait-il à la tribune,
on craint les vérités courageuses qu'ils font circuler : leurs vérités, vous devez les entendre si
vous n'êtes pas des tyrans ; leurs calomnies, vous
devez y répondre par votre conduite ! »

C'est en ce législateur courageux que Rougeville trouva un défenseur. Il parvint facilement à
l'intéresser à sa cause, et, à la séance du 21 prairial an V, Couchery monta à la tribune : nous
rapporterons ici, d'après *le Moniteur*, les principaux passages du discours qu'il prononça en cette

circonstance. Les faits qu'il y rappelle sont connus, mais la façon dont ils sont présentés ne
laisse pas que d'être assez singulière :

« Le citoyen Rougeville, « dit Couchery », fut
dénoncé comme émigré au Comité de sûreté générale par le citoyen Guffroy, ex-conventionnel : sa
dénonciation suffit pour faire incarcérer Rougeville. En vain celui-ci disait au Comité souverain :
« Il n'y a contre moi qu'un seul dénonciateur qui
« n'apporte d'autre preuve qu'un aveu qu'il pré-
« tend lui avoir été fait par moi. Comment, d'ail-
« leurs, aurais-je pu commettre une semblable
« indiscrétion avec Guffroy ? N'a-t-il pas une ré-
« putation qui effrayerait le malheureux le plus
« confiant ? Jugez ses motifs : il fut pendant vingt
« ans l'homme d'affaires de mon père ; il est encore
« le débiteur de ma famille. Son intérêt personnel
« l'entraîne évidemment à l'odieuse démarche
« qu'il fait contre moi. »
« Ces raisons échouèrent contre le crédit de
Guffroy et la faveur qu'on accordait encore alors à
toute accusation intentée pour fait d'émigration.
Rougeville fut renvoyé devant le Tribunal criminel du département de la Seine, par arrêté du
Comité de sûreté générale, et depuis vingt-trois

mois il réclame sa liberté dont il a été privé au mépris des lois et contre les formes établies par elles.

« Ce renvoi fait, avec tant de légèreté, à un tribunal qui n'intervient à ces sortes d'affaires que pour appliquer la peine de mort, semblait présager à Rougeville un sort encore plus affreux que a détention : mais le tribunal ne voyant qu'un seul dénonciateur se garda bien de commencer une procédure ; il se contenta de renvoyer l'accusé par-devant l'administration du département qui ne l'inscrivit point sur la liste des émigrés et, cependant, déclara qu'il produirait les certificats exigés de ceux dont le nom y est porté ; et, pour lui en donner la facilité, le département de la Seine lui accorda pour un mois une liberté provisoire, c'est-à-dire la permission de sortir de prison sous la garde de deux gendarmes. Cet arrêté déjà si rigoureux parut au citoyen Merlin, alors ministre de la police, le fruit d'une complaisance coupable pour les émigrés : il établit que Rougeville devait se faire représenter par un fondé de pouvoir, et fit annuler le décret par le Directoire exécutif.

. . . .

« Guffroy déclare d'abord que *Rougeville passe*

constamment pour émigré. Rougeville cependant n'était sur aucune liste ; il en a fourni le certificat. *Qu'il était garde de Monsieur* ; ce titre ne prouve ni ne fait présumer l'émigration ; c'est un prétexte dont a pu s'emparer la rage des bourreaux de la France pour faire des suspects. Il ne devait pas déterminer un Comité établi après la chute de la tyrannie. *Qu'il a présenté avec Michonis un œillet à la reine.* Cette accusation n'a jamais été prouvée C'est une fable à laquelle on était dans le temps intéressé à donner quelque consistance : elle a pu servir de motif pour persécuter Rougeville, mais elle ne prouve pas le délit dont on l'accuse. »

Ici Couchery fait l'énumération des différents domiciles que Rougeville prétendait avoir occupés depuis le mois d'octobre 1789 jusqu'à son arrestation. Puis il termina par un argument tout-puissant sur toutes les assemblées :

« Représentants, s'écria-t-il, songez que les listes d'émigrés sont toujours ouvertes ; qu'aujourd'hui, qu'à l'instant même, malgré la confiance dont vous êtes honorés, une administration effrayée, séduite. peut y inscrire vos noms et vous mettre en état de prévention. Hâtez-vous donc de prouver par un acte de justice que, dans ces sortes d'affaires, la dénonciation ne suffit pas pour déclarer qu'un individu est réputé émigré, ni pour provoquer son arrestation.

« Couchery propose d'annuler l'arrêté du Comité de sûreté générale.

« On demande à aller aux voix.

« D'autres membres réclament l'impression.

« *Lemoine :* Vous voulez voter en connaissance de cause, et je vous atteste qu'une grande partie de l'assemblée n'a pas entendu le rapport, vu la mauvaise disposition de la salle. Je demande l'impression et l'ajournement.

« *Duplantier :* Puisqu'il s'agit d'arracher à la persécution un homme innocent, je me félicite d'avoir l'organe assez fort pour prouver d'un banc à l'autre que le citoyen Rougeville n'a jamais émigré. On n'a pas entendu les pièces ; je les relirai. Quand il s'est agi d'accorder une pension à la veuve Bazire et d'autres décrets de cette nature, vous avez déclaré l'urgence : il faut déclarer l'urgence aussi, puisqu'il s'agit de sauver un innocent.

« L'urgence est déclarée et le projet adopté [1]. »

Ainsi Couchery excusait Rougeville d'avoir fait

[1] *Moniteur* du 23 prairial an V.

partie des gardes de Monsieur, ce qui était faux,
nous l'avons vu, et il traitait de fable inventée à
plaisir l'histoire de l'œillet, le seul peut-être des
nombreux incidents de la vie de Rougeville dont
l'authenticité ne puisse être mise en doute.

Qu'en conclure ? Deux choses à notre avis :
d'abord, que Rougeville était doué d'un tel aplomb
qu'il était parvenu, même auprès de ceux qui le
connaissaient le mieux, à imposer comme faits
indubitables, les imaginations de son esprit inventif : dès cette époque, et pour tout le monde, il
avait été noble, chevalier de Saint-Louis, garde de
Monsieur, etc... On peut en inférer, ensuite, le désordre qui régnait dans tous les services adminis-
tratifs, le chaos qui avait pris dans toutes les cer-
velles la place de la calme raison, au sortir de la
période conventionnelle. Comment ? Voilà un dé
puté qui, dans un beau mouvement d'indignation,
élève la voix en faveur d'un conspirateur avéré ;
par ignorance des faits, ou pour une autre cause,
peu importe, il nie ce qui est vrai, admet ce
qui est faux, — c'était son droit d'avocat. Mais est-
il croyable que parmi les cinq cents hommes politiques qui l'écoutent, tous mêlés aux événements
depuis cinq ans, il ne s'en trouve pas un seul pour
rétablir la vérité de faits si récents, pas un seul

pour demander au moins un supplément d'informations sur les agissements du conspirateur qu'il
s'agit de gracier. L'honnête député Lemoine se
plaint seulemant *de n'avoir pas bien entendu, vu
la mauvaise disposition de la salle.*

Quoiqu'il en soit, Couchery eut gain de cause,
et, peu de jours après, le 29 prairial, le Directoire
exécutif rendait un décret ratifiant le vote des
Cinq-Cents. Rougeville était à l'apogée de sa gloire
et au comble du bonheur: les grands corps de
l'État s'occupaient de lui, la tribune aux harangues
retentissait de ses exploits, son nom était imprimé dans les journaux. Il accepta avec beaucoup de
dignité ces honneurs depuis si longtemps ambi-
tionnés: par une lettre très courte et d'un ton
assez hautain, il remercia le Directoire et le Conseil; puis, tout aussitôt, il fit imprimer son *Appel
à ses Concitoyens*, où il racontait toute son histoire, et où il citait au long les pièces originales de
l'œillet... ce qui ne dut causer qu'un demi-plaisir
à Couchery qui l'avait niée.

Fixons en quelques mots le sort de ce député
qui vient de jouer dans notre récit un rôle épiso-
dique Condamné à la déportation après le 18 fructidor, il s'enfuit en Allemagne, d'où on le rappelle
en l'an VIII. Ses opinions royalistes empêchèrent

Bonaparte de l'employer, et il émigra en Angleterre où il devint l'un des principaux collaborateurs de Peltier dans la rédaction de l'*Ambigu*. Il eut le bonheur de voir le retour des Bourbons, et mourut en octobre 1814.

Quant à Guffroy, écrasé par la virulente apostrophe de Couchery, devenu l'objet du mépris de tous les honnêtes gens — ce qui ne le gênait guère — il se réfugia à Arras, où pendant quelque temps il crut bon de garder le silence. Mais il avait envie d'une place et il l'obtint. Le Gouvernement nomma *le Rougyff* chef adjoint au ministère de la Justice! C'est dans cette situation que le personnage mourut, en 1801.

VIII

LE CHATEAU DE SAINT-LAURENT

C'est à Saint-Laurent, près d'Arras, que Rougeville vint, au sortir de sa prison, passer l'été de
1797. Sa joie eût été vive de se voir dans cette
terre où il avait été élevé et qu'il aimait, s'il y
avait trouvé son père : mais le vieux Gonzze, que
Joseph Lebon avait fait incarcérer, et qui avait
résisté à l'atroce régime des prisons d'Arras, était
mort de douleur en apprenant, de Guffroy lui-
même, que son fils venait d'être arrêté.

Et puis Rougeville était trop actif ; il avait pris
depuis cinq ans une trop grande part aux événements, pour pouvoir supporter, sans en souffrir,
l'isolement, l'oisiveté, et le repos forcé de la campagne.

Il faut bien dire aussi que ses concitoyens ne
parurent pas se douter de l'importance qu'il
croyait avoir Les anciennes familles d'Arras,

décimées par l'échafaud révolutionnaire, chassées des vieux hôtels patrimoniaux confisqués par la nation, se tenaient confinées dans d'étroits logements, et n'avaient nulle envie de reprendre la vie d'autrefois ; d'ailleurs la caste était morte, mais le préjugé survivait ; et Rougeville, que l'irrégularité de sa vie et ses mystérieuses aventures faisaient passer pour un aventurier aux yeux soupçonneux de la province, n'aurait pu être reçu par la noblesse artésienne sur un pied d'égalité capable de le satisfaire.

Il ne s'installa donc à Saint-Laurent que très sommairement, laissa le château dans l'état où il l'avait trouvé, c'est-à-dire presque sans meubles, et prit pour tout domestique une seule bonne, amenée de Paris et à son service depuis cinq ans. Il passait dans le pays pour complètement ruiné. Mais telle était l'étrangeté de la situation qu'il s'était faite dans l'existence qu'après avoir essayé de chercher le *pourquoi* de son genre de vie, il faut bien ajouter que tout ceci, en somme, est pure hypothèse. Peut-être, en effet, ne tenait-il à faire croire qu'il avait perdu sa fortune que pour pouvoir vivre loin des gêneurs, seul, dans son château aménagé de façon à n'y recevoir personne ; peut-être se contentait-il des services

d'une bonne unique, au courant de tous ses faits
et gestes depuis 1792, afin de poursuivre à son
aise le but auquel il tendait ; peut être tout cela
n'était-il que comédie ; peut-être conspirait-il toujours... En tous cas, il se compromit.

D'abord, il joua au seigneur. *Mes vassaux*,
disait-il en parlant des paysans de Saint-Laurent :
et cela sonnait mal en 1797. Puis, il voulut s'éri-
ger en protecteur de ses serfs : la conscription
avait déjà alors ce formidable appétit qui, pendant vingt ans, lui fit dévorer tant de milliers
d'hommes. Et voilà Rougeville qui écrit lettres
sur lettres aux commandants de corps et aux officiers de recrutement ; il s'occupe de trouver à ses
paysans des remplaçants à bon compte ; il fait
valoir leurs titres de dispense, il plaide la cause
d'un nommé Pavie qui est infirme, d'Élie Armonts
qui est marié ; il entretient une véritable agence
de remplacement ; il correspond avec le général
de Montserrat, avec le général Saint-Hylaire, avec
Vandamme, avec les commandants de place de
Lille, d'Amiens, de Rouen, et toujours il parle de
ses *vassaux* en termes protecteurs, signant imper-
turbablement : *Marquis de Rougeville.* Cette phi-
lanthropique besogne dura plus d'un an ; puis,
quand il eut fatigué de ses requêtes tous les

chefs militaires de la région du Nord, lorsqu'on
lui eut fait comprendre, discrètement d'abord, un
peu plus sèchement ensuite, qu'il se mêlait de
choses qui ne le regardaient en rien, il se cloîtra,
pour ainsi dire, dans son château fermé à tous ;
sa vie, qui n'était que bizarre, devint mystérieuse,
taciturne et sombre ; il se confina si bien dans
son isolement que les paysans de Saint-Laurent
même en arrivaient à se demander si le château
était habité, ou si leur *seigneur* était retourné à
Paris.

Les papiers saisis chez lui nous font pénétrer,
en partie, dans le secret de sa retraite : il y a là
certains brouillons de lettres, certaines notes qui
ne laissent aucun doute sur ses occupations : il
continuait à conspirer : on ne saura jamais avec
quels complices, ni au profit de quel prétendant.
Les pièces que nous possédons ne fournissent
qu'une indication bien vague et bien incomplète :
c'est, par exemple, le billet suivant, encore plié
dans une grossière enveloppe de papier gris, portant l'adresse de *Mme la baronne de Hofflünger,
chanoinesse du très illustre chapitre de With-
merschen, à Düsseldorff*.

« Patientez-vous, monsieur le chevalier ? Nous
ferons tout ce qui dépendra de nous, mais ne vous

exposez pas de retourner dans ce maudit Ham... »

Et ce mystérieux billet est signé : *Nesselrode, née Zaxthausen*.

Voici, griffonnée sur un chiffon, *l'adresse du comte de Fersen*, l'un des plus dévoués et des derniers amis de la reine Marie-Antoinette. Puis, c'est *l'achat d'un cabriolet pour Paris*, et cent autres notes aussi peu explicites.

En 1798 — était-ce encore une comédie qu'il jouait, sachant bien que ces papiers seraient saisis un jour ou l'autre ? — il éprouve le besoin de se confesser par écrit, et tel est l'étrange document qu'il trace de sa plus belle écriture ; nous ne citerons de cet examen de conscience que les confidences ayant rapport à Rougeville conspirateur, passant sous silence, avec une réserve que nos lecteurs comprendront, les secrets intimes de sa vie privée :

« *In nomine Patris...* etc.

« Mon Père, bénissez-moi parce que j'ai péché.

« *Confiteor Deo omnipotenti...* etc.

« Quoique je n'aie jamais douté de l'existence de mon Dieu, ni cessé de le reconnaître et de l'aimer, je m'accuse cependant de l'avoir négligé par des adorations que je lui devais, et m'être éloigné des sacrements depuis un grand nombre d'années, quoiqu'il a toujours entré dans mes principes et dans mon cœur de vivre et de mourir irrévocablement dans la communion de l'Église catholique, apostolique et romaine, me soumettant de cœur et d'esprit aux dispositions qu'elle m'impose.

.   .   .   .   ¿

« 2° J'ai voulu plusieurs fois assurer par serments des choses fausses et douteuses.

.   .   .   .

« 9° Quant aux lois de mon pays, je les ai toujours respectées jusqu'au moment de la Révolution, et j'ai plus d'une fois désiré la destruction des novateurs du jour qui en ont sapé jusqu'à l'édifice. Cependant, j'emporte avec moi l'idée de n'avoir pas fait de mal à mon pays et d'avoir toujours désiré la paix, le retour distributif du droit et de la justice et d'avoir désiré de contribuer au bonheur général de l'espèce humaine.

« J'ai à la vérité maudit tous les rois des empires ; mais ce n'est que parce qu'ils n'ont point porté un secours qu'ils devaient au mien que j'ai toujours aimé et servi fidèlement ; mais je les respecte et je les aime, parce que j'ai pour principe et pour souvenir que Dieu, parlant par la bouche de son prophète, dit que les rois sont des Dieux ; il défend de les offenser ou trahir, parce qu'ils sont sacrés.

« Il me reste une chose dont elle me pèse par le doute où je suis d'avoir mal fait C'est que dernièrement, à la prière et aux mauvaises mœurs de mes vassaux, je leur ai donné un curé sermenté, mais dont il m'a dit qu'il n'y faisait aucun cas, étant et ayant des principes très religieux. C'est moi qui le loge et l'entretiens à effet d'instruire la jeunesse et de maintenir mes vassaux dans la ferme croyance de Dieu et de tous les principes que l'Église ordonne.

« *Meâ culpâ...* etc. »

Un peu plus tard il offre ses services, en termes assez fiers, au général Bonaparte et demande un emploi, soit civil, soit politique, soit militaire, « me soumettant d'avance, ajoute-t-il, au pouvoir et à l'obéissance *que vous accorde provisoirement la disposition des affaires humaines* ».

Très probablement, le premier Consul, qui n'avait pas l'intention d'être *provisoire*, ne répondit pas à cette étrange supplique.

Que penser encore de cette lettre dont le style, les phrases, les tournures sonnent si faux qu'elle ressemble à ces expositions de pièces mal faites, où deux confidents se racontent l'un à l'autre des choses qu'ils connaissent parfaitement tous les

deux, à seule fin de mettre le spectateur au courant
de l'action.

« J'arrive en ce moment de Paris, mon cher
Schmith, où j'y ai été malade pendant sept mois
consécutifs, et c'est ce qui m'a privé de vous aller
voir et de vous aller embrasser comme mon cœur
le désirait. D'autant plus que mon amitié pour
vous partage tous mes sentiments. Oui ! mon cher
Schmith, vous m'êtes infiniment cher et, si vous
aimez à vous le faire dire, croyez que je n'aime
guère moins à vous le répéter et d'être payé de
retour.

« Je vous annonce que mon Gouvernement
vient de me proposer un emploi assez brillant et
que je suis à me déterminer. Si j'acceptais, il me
facilitera de vous voir plus vite, parce que mon
occupation s'étendra jusqu'à Bruxelles et qu'alors
je me trouverai presqu'à moitié chemin jusqu'à
chez vous.

« Je vous annonce aussi qu'absorbé dans mes
ennuis et livré à des douleurs que je ne puis
oublier, j'ai résolu de chercher à y mettre fin en
renonçant à mon existence de célibataire, et de
jouir comme tout autre de l'agrément d'une
aimable compagne... Comme il ne se trouve aucun parti dans mes environs qui puisse remplir

mes vues, parce que la faux révolutionnaire a sapé individuellement toutes les personnes et toutes les fortunes, je vais tâcher de chercher ailleurs. Si par hasard il se trouvait chez vous ou dans les environs une aimable Allemande, et dont la fortune puisse répondre à peu près à la mienne, je la préférerais à une Française.

« Je vous mandai, mon cher Schmidt, par ma dernière que j'avais absolument besoin de ce que je vous avais demandé précédemment, je vous prie donc de me faire encore le plaisir de me... »

(La fin de la lettre manque).

Ces dernières lignes sont peut-être les seules sincères, le reste ne paraît être que remplissage et mensonge : est-il besoin de dire que jamais le Gouvernement ne songea à offrir un emploi à Rougeville ? Où habitait d'ailleurs *le cher Schmidt ?* Bruxelles semble être indiqué comme le point intermédiaire entre sa résidence et Paris : cela nous conduit à peu près sur le Rhin ; la lettre serait donc adressée à quelque émigré ?

Mais pourquoi chercher ? Sans clef ce texte est indéchiffrable : la lettre est évidemment écrite en langage conventionnel, assez semblable à celui qu'emploient les joueurs à la Bourse, quand ils échangent des dépêches ainsi conçues : *la vieille tante va mieux..... la fiancée s'est trouvée mal..* suivant que montent ou baissent les valeurs sur lesquelles ils spéculent.

Voici qui est plus déconcertant encore : il importe de remarquer que la pièce suivante, où Rougeville va nous donner de lui-même un si avantageux portrait, est tout entière de son écriture : ce n'est, d'ailleurs, pas une copie, puisqu'elle contient des renvois et des ratures.

« M. de Rougeville vient de partir pour Paris, et il est bien décidé d'aller à Reims, et je vous réitère, mon cher ami, que je désire bien que vous fassiez en sorte de le marier et le plus avantageusement que vous pourrez ; il mérite réellement une femme aimable et de fortune par les qualités sans nombre qu'il possède ; vous le verrez et jugerez, persuadé qu'il vous plaira ainsi qu'à celle pour qui il est destiné. Il est d'un excellent caractère, plein de douceur, de connaissances et d'esprit, infiniment serviable et d'un excellent cœur. Son caractère, principalement, est des plus extraordinaires par sa constante persévérance pour son opinion dont rien n'a pu et ne pourra changer, ce qui a fait jusqu'à cette heure sa gloire ; je vous cite cela comme un prodige, d'autant que ces hommes sont bien rares dans ce pays-ci où tous les honnêtes gens ont été sacrifiés..... Vous l'aimerez. dis-je, car vous aimez vous-même ces sortes de caractères et, certes, le sien est adorable. Sa douceur, ses procédés, et sa galanterie pour les femmes est infiniment soignée, et il est aisé à voir qu'il a reçu une parfaite éducation et qu'il ne fréquente que le grand monde. Il y met même une étude particulière, quoique ce soit naturel chez lui, et il ne veut en rien départir de l'ancien proverbe français : galant pour les femmes et terrible pour la guerre.

« Je ne vous parle pas de sa construction, vous la verrez ; mais il n'y a pas de doute qu'il plaira : sans être trop jeune, il a toute la fraîcheur d'homme qui annonce une bonne santé qui ne peut être l'effet que d'une grande conduite. Sans être trop grand, il possède une belle taille ; infiniment bien fait ; sa figure est des plus nobles et des mieux construites, et, s'il n'était point un peu gravé de petite vérole, il serait un Adonis, ayant des yeux infiniment beaux, vifs, spirituels, **de très beaux** sourcils, une bouche à ravir, la plus petite qu'on puisse voir, annonçant qu'il n'en est sorti rien que d'aimable et de flatteur ; enfin, voilà le tableau de l'homme que vous allez voir, fait par son ami,

et, si vous y trouvez quelque chose d'exagéré,
c'est par l'attachement que j'ai pour lui qui me
fait voir et sentir comme cela.

« Ses prétentions sont grandes, éminentes même,
pour l'avenir, par les grands et signalés services
qu'il a rendus à des personnes illustres dont il est
aimé et considéré..... Mais ce qui est infiniment
agréable, c'est son habitation, du plus beau château qu'on puisse voir, qui est un séjour enchan-
teur. Il a été construit par son père qui y a dépensé
plus d'un million, et dont il trouve beaucoup
d'amateurs qui lui en offrent une grande somme. »

Puis vient, sur une autre feuille, une note ainsi
conçue :

« M. de Rougeville, âgé de trente-huit ans, ancien officier de la légion de Soubise..... etc.

« Désirerait trouver à se marier à une famille
honnête et respectable par ses principes sous tous
les rapports.

« Sa fortune, quoique anéantie par la Révolution, consiste encore :

« Superbe château, coûté 400,000 fr.
à bâtir, aujourd'hui.   60,000
                                              ————
      A reporter.   60,000

Report.   60,000

« Dépendance, qualifiée commanderie
d'Humécourt   750,000

« Un autre château, nommé le château
de Rougeville, relevant du roi avec un
moulin à eau, une papeterie   90,000

« Une brasserie sise à Sainte-Catherine.   30,000

« Terres . . . . :   18,000

« Matériel agricole.   18,000

« Meubles   20,000

« En portefeuille, contrats, etc. . . .   26,000

Total. . .   337,000

« Prétentions et prêts à rentrer dans
un bien   70,000

« Plus dans un droit de terrage, situé
dans la commune de Rougeville, estimé
à 75,000 francs, pour un sixième   12,500

Total . . .   419,500

« Plus une pension annuelle et héréditaire de 3,000 francs sur les États-Unis
de l'Amérique, fondée sur la Société de
l'ordre de Cincinnatus   3,000

« Plus une propriété en Amérique sep-
tentrionale à lui concédée par le Congrès
des États-Unis, en récompense de ses
services »   40,000

On voit que cette fortune, *anéantie par la Ré-volution*. prenait, sous la plume de Rougeville des proportions assez respectables.

Qui espérait-il duper avec ces gasconnades? L'homme qui écrivait des lettres semblables à celle que nous avons citée était-il un fou, un escroc ou un vulgaire hableur? Celui qui s'était dévoué au salut de la reine n'était-il donc qu'un simple chevalier d'industrie ? Ou doit-on croire qu'il acceptait courageusement toutes les consé-quences de la vie de conspirations et de complots continuels qu'il s'était condamné à mener? Si l'on admet cette hypothèse, on comprend que la dissimulation, le mensonge entraient naturelle-ment dans son jeu, et l'on peut penser qu'il se servait de lettres d'introduction, semblables à celle qu'on vient de lire, pour pénétrer dans les familles, pour nouer des intrigues, pour dépister les soupçons. Reims, où son pseudo-projet de mariage semble devoir le conduire, eut, tant que durèrent la République et l'Empire, son petit centre de mécontents. Sans doute, est-ce à ce noyau de royalistes boudeurs que Rougeville cher-chait à se réunir ; si la police était étonnée de ses allées et venues, si l'on avait saisi sur lui les pa-piers dont il était porteur, il espérait ainsi donner le change et se faire passer pour un homme désillusionné de la politique et courant le monde afin de trouver femme. Ainsi, cette mobile figure échappe à toute psychologie, et l'on ne sait jamais si l'on a affaire à un malhonnête homme, cherchant des dupes, ou à un conspirateur, correspondant avec des complices. La preuve qu'il mentait sans scrupules nous est donnée par un brouillon de lettre trouvé dans son portefeuille et commençant par cette phrase: « *J'arrive d'Angleterre ;* » — ce mot est barré, — « *de Vienne ;* » — nouvelle rature ; — il se décide enfin et écrit: « J'arrive du fond de l'Allemagne, et mon absence dure depuis cinq mois... etc. »

Dans les intervalles de ces mystérieux voyages, il passe ses journées à consigner, pour la postérité, les hauts faits de son étrange existence: c'est toujours à la Conciergerie que retourne sa pensée ; c'est à son entrevue avec la reine que revient sans cesse son esprit. Ce souvenir semble le hanter.

Il entreprend un travail qu'il intitule : *l'Apothéose des princes français ;* et il commence par exalter son dévouement:

« J'ai, pendant toute la Révolution, prouvé à mon roi, à ma patrie (le mot est synonyme) que

je méritais leur confiance... Mon corps n'a cessé
d'être le bouclier des leurs ; en proie même aux
destructeurs, j'ai sacrifié tous mes jours, par conséquent mes plaisirs, mes dissipations, mes intérêts ; je n'ai pas moins veillé toutes les nuits ;
enfin, je n'ai laissé échapper que des instants où
j'ai succombé de fatigue et de sommeil... Mes
principes sont au-dessus des variations de l'humanité ; ils sont immuables comme la terre. »

Mais bientôt cette apologie le rebute et il se met
à composer une tragédie *en vers*, prenant pour
sujet ses propres aventures ; le seul fragment qui
reste de cette œuvre dramatique est la scène où
le *chevalier* pénètre dans la prison de la reine
qu'il va sauver :

SCÈNE XIII

La Reine, le Geôlier, un Chevalier.

Le chevalier seul

Je marche en tremblant dans ces lieux souterrains
Où la cendre des victimes est l'effroi des humains..
Mon sang se glace de ses sueurs funèbres
Plus terribles cent fois que ne sont les ténèbres.
Cette lampe suspendue, dont ses reflets obscurs
Éclairent tristement l'enceinte de ces murs,
Me représente . . . .
. . . .

Il me semble entendre de sourds gémissements,
Des sanglots étouffés, de longs mugissements
Qui font retentir ces voûtes effroyables
D'une lugubre voix et d'accents lamentables,
Ces soupirs, ces plaintes qu'il me semble entendre,
Restes d'une moitié qui tient l'autre à sa cendre.
O puissance de mon âme. . . . .

. . . . . . ' . . . .

C'est ici sans doute, d'après cette faible clarté
Qui ne luit qu'à peine en ce lieu redouté,
Que repose la plus illustre des reines.
Dans le tombeau parmi les ombres...
J'aperçois de la mort cette pâle victime,
Je dois en écarter la vue, crainte de faire un crime,
Ciel, qu'entends-je?. .

> A tes pleurs, reine chérie,
> Que ne puis-je mettre fin.
> Du mouchoir qui les essuye
> Que ne suis-je l'heureux lin?
> Que ne suis-je l'espérance
> Qui dans tes maux te soutient?
> Que ne suis-je la puissance
> Qui doit changer ton destin?

Reine chérie, à ma vue tu frissonnes peut-être,
Tu crains d'y lire un sort que tu voudrais connaître.
Ton œil roule égaré, n'ose les parcourir,
Tu sens couler tes pleurs, hélas ! tu dois frémir,
Mais je meurs avec toi et, mourant pour te suivre,
Je mourrai sans songer que je cesse de vivre

Bientôt un même sort nous joindra tous deux.
Puisse le ciel propice exaucer ici mes vœux... !

Ce court monologue ne permet point de regretter
que la tragédie entière ne nous ait pas été con-
servée ; elle ne fut probablement jamais écrite.

A son insu, Rougeville était étroitement surveillé. L'Administration était tenue au courant de
tous ses déplacements, et il se formait contre lui,
à Paris, dans les bureaux de la police, un orage qui
devait éclater tôt ou tard.

Une des singularités de la Révolution est l'ap-
parition, sur toute la France, d'une nuée d'espions
et de délateurs. La chose est assez inexplicable,
car on aimerait à penser que l'hypocrisie et la dissimulation ne sont point des traits du caractère
français. Sous l'ancien régime, au temps à jamais
regrettable où chacun ne s'occupait que de ses
affaires et ignorait jusqu'au mot de *politique*, il
ne serait venu à personne l'idée de concourir à la
sûreté de l'État. La police secrète existait, certes,
avant 1792 ; nous n'avons nulle intention de le
nier ; mais elle ne jouissait pas d'un bon renom,
et on en laissait l'exercice à certains déclassés
méprisés de tous, même de ceux qu'ils servaient.

La Révolution changea tout cela : lorsqu'elle mit la *suspicion* au rang des institutions de l'État, elle érigea la délation en un devoir civique, imposé à tous ; chacun voulait dénoncer un suspect ; c'était là servir sa patrie, se montrer bon citoyen. Nos dépôts d'archives contiennent des milliers de rapports où des gens, que cela ne regarde pas du tout, viennent, par pur patriotisme, raconter ce qui se passe chez leur voisin. Le voisin était guillotiné, et quelquefois son dénonciateur l'était avec lui; mais cet inconvénient ne rebutait personne ; et il se trouva que, lorsque l'odieuse loi des suspects fut rapportée, son esprit était passé dans les mœurs, et que de bons bourgeois croyaient sauver le Capitole en signalant au pouvoir ceux qui ne leur semblaient pas pleins d'enthousiasme pour les institutions du pays.

Le juge de paix de Rœux, bourg voisin de Saint-Laurent, était un de ces zélés. Il se nommait Verdevoy, et était, semble-t-il, en discussion de voisinage avec Rougeville. Dès le 26 fructidor an V, cet espion amateur écrit de Saint-Laurent directement au citoyen Merlin, membre du Directoire exécutif, et lui expose les soupçons qu'il a conçus touchant le civisme du châtelain.

« Citoyen, dit-il, pénétré des sentiments d'amour

de son pays qu'inspire la circulaire du ministre
de l'Intérieur, en date du 15 fructidor, je crois
qu'il est de mon devoir, en qualité d'officier de
police, de vous prévenir que j'ai de violents soupçons sur la conduite d'un M. Gouzze de Rougeville, demeurant en cette commune, y ayant *son
château*, échappé aisément des prisons de Paris à
l'aide, je crois, de la faction royaliste que vous
venez de découvrir et aux soins généreux de M. de
Couchery. Cet homme donne dans l'aristocratie
plus ouvertement que jamais; il est temps de le
veiller, car, s'il n'est point un agent des conspirateurs royaux, il en est au moins l'ami. Il tient
fort à ses anciens privilèges usurpés, tout rotu-
rier qu'il est, se qualifiant dans tous ses actes
d'ancien colonel de cavalerie de France... etc. »

Un mois plus tard[1], Verdevoy revient à la
charge ; cette fois, il s'adresse au commissaire du
pouvoir exécutif près le département du Pas-de-
Calais.

« Rougeville ne demeure pas à Arras. Il a son
château dans une commune dont il a essayé de
corrompre les habitants par le fanatisme.

« J'ai appris qu'il était parti pour Paris et que en

---

[1] Le 8 vendémiaire an VI.

son retour doit être prochain ; qu'il aurait obtenu à cet effet un passeport de la ville d'Arras.

« Il existe dans le château du ci-devant colonel de cavalerie de France (c'est le titre qu'il prend dans tous ses actes) une Allemande dans laquelle je n'aurais pas plus de confiance ; j'ignore si c'est en qualité de servante ou autrement.

« On le dit décoré *sous ses vêtements* des croix de Saint-Louis, de Cincinnatus et du duché de Limbourg. »

Ce dernier crime, outre qu'il semble assez difficile à constater, ne devait pas beaucoup contribuer à *fanatiser* les paisibles habitants de Saint-Laurent ; quant à *l'Allemande*, elle était la domestique de Rougeville . elle se nommait Catherine Houleric, et était originaire des environs de Colmar. Je n'hésite pas à croire, d'ailleurs, qu'elle en savait long sur le compte de son maître.

Celui-ci était donc signalé, et en bons termes, à la police générale : une *histoire de femme* vint encore aggraver sa situation, déjà largement compromise.

On n'a pas oublié, peut-être, cette veuve Lacouture qui, en 1793, pourchassait Rougeville de ses assiduités, et, dans un accès de rage jalouse, l'accusait de l'avoir dépouillée au profit

de Sophie Dutilleul. En quittant l'hôtel des Tuileries où son amant l'avait abandonnée, elle était
allée se loger chez une lingère de la Cour des
Fontaines, puis chez un nommé Boquet, rue du
Faubourg-Poissonnière, n° 6. Ne touchant jamais
un sou de la rente viagère de 800 francs dont Rougeville lui avait souscrit le contrat, elle tomba
bientôt dans la misère. On était alors en pleine
Terreur; son débiteur avait disparu; errant alors
de garni en garni, elle avait demandé à tous les
échos, et sans succès, des nouvelles de Rougeville.
Enfin, à bout de ressources, elle s'était réfugiée
chez son frère, le citoyen Maignen, député au
Conseil des Cinq-Cents, qui lui fournissait charita-
blement le vivre et le couvert.

Le hasard la servit pourtant. Le député Maignen
entendit, à la séance du 21 prairial an V, prononcer à la tribune le nom de Rougeville. Il apprit
ainsi ce que l'amant de sa sœur était devenu : il
le redit à Louise Lacouture, et celle-ci alla se
mettre en faction à la porte de Sainte-Pélagie.

Quand Rougeville en sortit, ravi d'être libre, la
première personne qu'il rencontra fut son ancienne
maîtresse. Ce fut pour elle une grande joie; pour
lui, un contre-temps fâcheux. Il fit le passionné,
raconta qu'il était revenu de toutes ses erreurs,

qu'il ne se mêlait plus de politique, qu'il était disposé à se ranger, et que, si elle y consentait, il était résolu à l'épouser.

La pauvre femme fut bien heureuse ; elle se croyait à la veille, non seulement de vivre avec celui qu'elle aimait, mais encore de rentrer dans son argent. Lorsqu'elle toucha un mot de ses arrérages, Rougeville prétexta un moment de gêne ; il s'offrit cependant à lui signer des billets, ce qu'elle accepta... Puis, les billets signés, il la pria de le laisser tranquille.

Louise Lacouture, pleura, se fâcha, menaça, mit ses billets entre les mains d'un avoué. Celui-ci obtint de Rougeville 400 francs... et les garda pour prix de ses honoraires.

Abrégeons, car l'histoire n'a rien que de banal La femme Lacouture, aux abois, remise de mois en mois, cherchant Rougeville dans tous les garnis de Paris, ne le trouvant pas, n'osait entamer un procès, de crainte, si elle avait gain de cause au point de vue pécuniaire, de perdre à tout jamais l'espoir d'épouser Rougeville.

Celui-ci était plus que jamais insaisissable : il passait sa vie sur la route d'Arras à Paris. On était alors au commencement de 1804, et les royalistes sentaient leur échapper la chance qui,

depuis le Directoire, avait paru leur sourire. Ils
comprenaient trop tard que le premier Consul
n'avait aucune vocation à jouer le rôle de Monck ;
aussi s'agitaient-ils, espérant encore se débarrasser
de lui par un coup de force.

Il est hors de doute aujourd'hui qu'il exista un
vaste complot tendant à surprendre Bonaparte au
milieu de son escorte, à s'emparer de sa personne
et à le conduire en Angleterre. En même temps,
un des jeunes princes français, le duc de Berry
ou le duc d'Angoulême, devait soulever la Vendée et la Normandie, et marcher sur Paris à la
tête de cent mille chouans. Jamais peut-être le
duel entre le pouvoir et l'opposition ne fut plus
serré, plus émouvant qu'à cette époque ; chaque
jour voyait un nouvel assaut des royalistes, une
nouvelle riposte du Consul : le moment était
proche où l'un des deux adversaires serait obligé
de s'avouer touché. Et c'est pour en finir que
Bonaparte frappa un coup terrible ; il savait que
les princes de la famille de Bourbon se tenaient
aux frontières, prêts à les franchir au premier
signal des conspirateurs. En cinq jours, le duc
d'Enghien fut enlevé à Ettenheim, amené à Paris
et fusillé sans forme de procès.

La Restauration s'est appliquée, plus tard, à

présenter le jeune prince, victime de ce crime odieux, comme ne se mêlant pas de politique, vivant, à deux pas de la France, en homme que l'avenir de son pays laisse indifférent, occupé seulement de ses amours avec une princesse de Rohan... Il me semble que c'est là ternir la mémoire du duc d'Enghien. Pour moi, je préfère penser qu'à l'heure où Bonaparte se disposait à rétablir à son profit la monarchie de Louis XIV, le descendant du grand Condé sentait bouillonner en ses veines le sang de son illustre aïeul, qu'il se tenait prêt à passer le Rhin, à tenter un coup d'audace, à protester par tous les moyens contre l'acte qui se préparait. Et, dût le crime de Bonaparte paraître moins horrible, j'aime mieux croire que le dernier des Condé a, comme c'était son devoir, conspiré contre l'Empire, que de ne voir en lui qu'une victime désignée au hasard pour terrifier des mécontents.

A moins que dorment dans quelque bahut de province les mémoires inédits, ignorés... et sincères, de l'un des agents du vaste complot que le Consul déjoua si tragiquement, il est bien probable que jamais on ne saura la vérité tout entière. Les conspirateurs ne laissent point derrière eux, comme le font les ordinaires acteurs de l'histoire, toute une traînée de documents authentiques, de pièces officielles, de rapports, de notes, de correspondances. Ce qu'ils trament se prépare dans l'ombre et leur principal souci est de ne laisser derrière eux aucune trace. Le secret qu'ils ont à garder de leur vivant se perpétue ainsi après leur mort, et c'est le hasard seul qui peut leur assigner dans l'histoire la place à laquelle ils ont droit.

Il est certain néanmoins qu'en supprimant le duc d'Enghien Napoléon voulait porter un coup à une conspiration dont il eut, lui seul, peut-être, connaissance [1]. C'est le 15 mars 1804 qu'il le fit saisir à Ettenheim ; six jours auparavant Cadoudal avait été arrêté à Paris au moment où il allait donner le signal du soulèvement général. Il est permis de supposer que, si le premier Consul avait pu mettre la main sur les principaux agents royalistes, il n'eût pas songé à aller chercher à l'étranger un prince de Bourbon pour assouvir sur lui son ressentiment ; mais il ne tenait que Cadoudal,

[1] *Napoléon, ses opinions et jugements sur les hommes et les choses*, par M. Dumas-Hinard. tome Iᵉʳ, 433 et 438

« Le duc d'Enghien figurait déjà depuis 1796 dans les intrigues des agents de l'Angleterre. La mort du duc d'Enghien doit être attribuée aux personnes qui dirigeaient et commandaient de Londres l'assassinat du premier Consul et destinaient le duc de Berry à entrer en France par la falaise de Béville et le duc d'Enghien par Strasbourg » (*Mémoires de Napoléon.*)

et celui-là n'était pas homme à trahir le nom de ses complices ; alors, ne pouvant faire qu'un exemple, le futur empereur voulut que cet exemple fût terrible.

Rougeville était-il au nombre des affidés de Cadoudal ? C'est probable, car, voulant frapper un grand coup, les royalistes avaient mobilisé le ban et l'arrière-ban de leurs amis. Ce qui prouverait d'ailleurs sa participation à ce vaste complot, c'est qu'il avait quitté Saint-Laurent vers la fin de février, qu'il était à Paris le 9 mars, et que, ce jour-là même, il reprit précipitamment le chemin d'Arras.

Pendant ce court séjour, Louise Lacouture l'avait rencontré ; le voyant fuir de nouveau, elle crut qu'il allait encore lui échapper. Elle se décida à partir, elle aussi, pour Arras, et, dès le lendemain, elle se présentait au château de Saint-Laurent.

Elle avait un projet dont la réalisation devait satisfaire à la fois son amour et ses intérêts : du moment que son débiteur ne pouvait pas s'acquitter, elle voulait lui proposer de reprendre la vie commune et s'engager à ne rien lui réclamer s'il consentait à la laisser vivre près de lui, à Saint-Laurent.

Rougeville avait bien autre chose en tête : il croyait toute la police de Bonaparte à ses trousses et s'attendait à chaque instant à être arrêté ; il chargea sa bonne de recevoir l'importune visiteuse. L'explication fut chaude ; la citoyenne Lacouture, jalouse de la confiance dont semblait jouir, dans la maison, Catherine Houleric, se montra fort vive dans ses récriminations; l'Alsacienne, à bout de patience, lui allongea un soufflet et referma la porte.

Ce soufflet devait décider de l'avenir de Rougeville. La pauvre Louise Lacouture s'en alla pleurer chez le maire, raconta toute son histoire ; elle dit comment Rougeville lui avait promis le mariage, comment elle lui avait prêté de l'argent, dans quel but elle était venue le relancer jusqu'à Saint-Laurent. Elle manifesta en sanglotant le désir de s'installer dans le village même, en face de la maison de son infidèle : elle avait trouvé à louer une chambre chez une ouvrière nommée Julie Caty, qui travaillait pour le château ; elle termina en sollicitant un permis de séjour que le maire lui refusa.

Or ce maire n'était, en 1804, autre que ce Verdevoy, que nous avons vu, en qualité de juge de paix du canton de Rœux, poursuivre Rougeville

de sa haine. La citoyenne Lacouture s'adressait
bien ! L'occasion était trop belle pour la laisser
échapper. Verdevoy réfléchit pendant quelques
jours ; puis il prit la plume et écrivit directement
au ministre de la Justice.

« Citoyen Ministre,

« Une femme âgée de quarante-deux ans se disant
veuve Lacouture, fille Lemaignen, ordinairement
domiciliée à Paris, est venue se réfugier depuis
quinze jours dans cette commune : elle s'est pré-
sentée plusieurs fois chez moi à l'effet d'obtenir
un certificat de résidence : l'empressement et le
désir qu'elle avait de l'obtenir pouvaient donner
lieu à des soupçons ; j'ai cru cependant ne pas devoir lui en délivrer. Comme cette femme m'a
beaucoup parlé de M. Couchery à qui aujourd'hui
je vois jouer un rôle ; que soi-disant elle arrive de
Paris avec l'intention de recouvrer une somme de
12,000 francs que le soi-disant marquis de Rougeville, demeurant dans cette commune, lui aurait
escroquée ; que ledit Gousse, dit Rougeville, revient
de Paris, et que cette femme l'a suivi sous prétexte de l'épouser ; que, d'après la remarque faite
déjà plusieurs fois, ledit Gousse se rend chez cette
femme à Paris lorsqu'il doit arriver quelque chose

de fâcheux ; qu'au retour il fait croire à nos paysans que Bonaparte l'a nommé à des fonctions importantes, qu'il a reçu des lettres de Dumouriez qui lui annoncent qu'il est attendu et désiré à Londres ; que, d'après les longues conversations de cette femme avec moi, ledit Gousse pourrait bien être suspect ; que cette dame Lacouture et lui sont partis de Paris dans le moment où vous suivez le fil d'une conspiration infâme ; j ai cru ne devoir pas vous laisser ignorer qu'ils se trouvaient dans cette commune [1]. »

On juge de l'effet d'une pareille note, tombant dans les bureaux de la police à l'heure où il fallait à tout prix, pour plaire au maître, découvrir des conspirateurs ! La lettre de Verdevoy était parvenue au ministre le 22 ventôse ; dès le 23, mission était donnée au général Moncey, inspecteur général de la gendarmerie, « d'envoyer par un courrier extraordinaire l'ordre d'arrêter le marquis de Rougeville.

« L'officier chargé de l'exécution de cet ordre pourra s'adresser au maire de la commune de Saint-Laurent.

« La veuve Lacouture qui l'a suivi de Paris

---

[1] Archives nationales, F7, 6,413.

devra aussi être arrêtée. Les papiers de tous deux,
recherchés avec le plus grand soin et mis sous
scellés. Il importe que ces deux individus soient
ramenés à Paris, séparément, sous escorte suffisante, et sans qu'ils puissent communiquer entre
eux. »

Le 24 ventôse an XII, à neuf heures du soir, le
capitaine Linas de la xv° légion de la gendarmerie nationale, frappait à la porte de Verdevoy
Il avait donné ordre au maréchal des logis Bous-
quet et aux huit hommes qui l'accompagnaient
de s'arrêter à l'entrée du village pour ne pas donner l'éveil aux habitants.

Verdevoy qui connaissait les êtres, dressa le
plan de campagne : il s'offrit à l'officier pour diriger en personne l'arrestation de celui qu'il considérait comme un ennemi personnel : il touchait
au but, mais il voulait jouir de son triomphe et
se montrer à sa victime dans tout l'orgueil de sa
victoire.

Quand toutes les lumières de Saint-Laurent
furent éteintes, quand le village fut endormi, — il
était onze heures — Verdevoy sortit de chez lui
avec le capitaine Linas, et tous deux allèrent re-

trouver les gendarmes qui, dissimulés derrière une haie, au bord de la route d'Arras à Douai, atten‑daient patiemment le moment d'agir. Le brigadier Dumortier et quatre hommes reçurent la mission de garder la porte de la ferme : un des gendarmes, affublé par Verdevoy d'un long manteau de pay‑san et d'un chapeau rabattu, devait se présenter à la grande porte et jouer le rôle d'un étranger ayant à entretenir le propriétaire du château d'une affaire urgente.

Quand tout fut ainsi convenu, le capitaine et le reste de sa petite troupe firent, en se glissant le long des murs, le tour de la propriété et péné‑trèrent dans le jardin par une porte restée ouverte. A la faveur de l'épaisse obscurité qui régnait sous les massifs, ils s'approchèrent du château : arri‑vés au pied de la terrasse du midi, Linas disposa ses hommes à l'entrée des principales allées, sous les arbres. Puis, jugeant que tout était prêt, il s'accroupit près du perron et attendit.

Trois quarts d'heure se passèrent : tout à coup on perçut dans la nuit le bruit d'une cloche : le gendarme déguisé sonnait à la grande porte.

Rien ne bougea dans le château.

Au bout d'un instant la sonnerie tinta de nou‑veau.

Même silence.

Une troisième fois la cloche se fit entendre, secouée vigoureusement.

Le château resta silencieux comme s'il était inhabité.

Le maréchal des logis Dumortier était venu rejoindre dans le jardin le capitaine, et tous deux, anxieux, aux aguets, prêtaient l'oreille au moindre bruit. Un quart d'heure se passa encore. Enfin, l'officier monta sur la terrasse, fit le tour de l'habitation et frappa à une porte de la façade exposée au couchant [1].

Bientôt, on distingua dans la maison un bruit de pas, et, à travers la porte, on entendit Rougeville crier à sa servante :

— Catherine, n'ouvrez pas ! n'ouvrez sous aucun prétexte.

— C'est lui, fit tout bas Dumortier.

— N'ouvrez pas ! répéta la voix du châtelain.

— Monsieur de Rougeville, cria Linas, je viens pour arrêter une femme qui se cache chez vous, ouvrez ! Je vous somme d'ouvrir.

— N'ouvrez pas, Catherine ! reprit pour la troisième fois Rougeville.

[1] Procès-verbal dressé par le capitaine Linas.

Alors le capitaine brisa d'un coup de la poignée
de son sabre la vitre de la porte, passa le bras,
saisit le verrou à l'intérieur; le poussa, ouvrit
la porte, et, suivi du maréchal des logis, se précipita dans le château. Verdevoy leur en avait
décrit la topographie intérieure; tous deux gra-
virent en hâte le grand escalier; une chambre
était ouverte, encombrée de papiers, le lit dé-
fait... personne! Ils redescendirent, gagnèrent la
porte de la cave, s'y jetèrent le pistolet au poing.
Dumortier tenait une chandelle allumée trouvée
dans le vestibule: ils explorèrent tous les coins...
personne encore! Comme ils remontaient pour
continuer leurs recherches dans les appartements,
un grand cri s'éleva dans le jardin:

— A moi! A moi, capitaine!

Linas reconnut la voix d'un de ses gendarmes;
il courut à la terrasse.

— A moi! à moi! il se sauve, criait l'homme.

Et l'on apercevait, dans l'ombre, une forme noire
qui, en trois bonds, traversait le parterre et s'enfonçait sous les bosquets. Les gendarmes se jetèrent à sa poursuite. Linas et Dumortier les rejoigni-
rent : on fouilla le jardin, le potager, le petit bois;
on fit une battue dans les champs; on organisa des
patrouilles sur les routes... rien! pas un indice!

Les gendarmes racontèrent à leur chef que, tandis qu'ils se tenaient au pied de la terrasse, les yeux fixés sur les fenêtres du château, ils avaient tout à coup entendu du bruit derrière eux : une ombre noire venait de sortir de terre, et c'est alors qu'ils avaient poussé le cri d'alerte... L'inspection minutieuse des localités fit reconnaître qu'un souterrain passant sous la terrasse même, mettait en communication les caves du château avec le jardin : c'était là le chemin que Rougeville avait pris pour s'échapper ; et, sans doute, avait-il, dans les environs, quelque retraite sûre pour s'y réfugier en cas de surprise.

Le seul fait de cette évasion est une preuve certaine que le *chevalier du poignard* n'était point seulement le hâbleur présomptueux, l'aventurier *gênant, mais non dangereux*, dont parlait dédaigneusement le préfet du Pas-de-Calais dans ses rapports. Nul homme, quelque mal équilibré qu'on le suppose, n'aurait commis, sans qu'il y eût urgence, la légèreté d'aggraver sa situation par une fuite si compromettante, et d'ailleurs l'existence même d'une issue secrète, la précision et la rapidité de son action établissent surabondamment que le marquis de Rougeville prévoyait que ses agissements devraient un jour ou l'autre sembler suspects à l'autorité, et qu'il avait tout disposé à l'avance pour n'être point pris.

Les gendarmes battirent la contrée jusqu'à six heures du matin ; quand il fut bien évident que Rougeville resterait introuvable, le capitaine Linas revint au château pour interroger la domestique.

Catherine Houleric fit la naïve, prétendit ne rien connaître des intrigues de son maître et parut étonnée d'apprendre qu'elle servait un conspirateur. On ne tira d'elle aucun renseignement.

L'officier entreprit ensuite l'inventaire des papiers ; la chambre de Rougeville en contenait une telle quantité qu'il ne fallut pas moins de quinze heures pour les parcourir et en prendre note. On mit à part certains papiers qu'on saisit ; le reste, soigneusement enliassé, fut placé sous scellé. Que contenaient ces papiers? Il n'est pas possible de le savoir, car ils n'existent plus au dossier, ayant été en grande partie rendus à Rougeville quelques années plus tard : le 28 ventôse le général Moncey, en rendant compte à Réal de la mission de son courrier extraordinaire, assurait « qu'ils étaient fort intéressants »; le Préfet, au contraire certifiait qu'on n'y trouvait « nul indice de correspondance avec les agents de la conspira-

tion ». Il est probable que le fugitif avait mis
d'avance en lieu sûr, ou emporté avec lui les documents les plus compromettants.

Le Préfet, d'ailleurs, joue en cette affaire un
rôle purement passif et ne paraît pas très bien
informé. Tout s'était passé, on l'a vu, en dehors
de lui : la dénonciation émanait directement de
Verdevoy ; l'ordre d'arrestation avait été non
moins directement transmis par le général Moncey
au commandant de la gendarmerie, ce qui n'em-
pêche pas le premier fonctionnaire du département, jaloux de prouver, à son tour, son initiative et son dévouement, de se donner les gants de
l'aventure dont il n'eut connaissance que lorsqu'elle fut terminée. « Ce Rougeville, écrit-il dès
le lendemain, habitait une *espèce* de château à
Saint-Laurent et paraissait avoir des liaisons avec
quelques aventuriers. Il s'était rendu le défenseur
officieux des conscrits et déserteurs ; je l'ai me-
nacé le de faire enlever la première fois qu'il se mê-
lerait d'affaires publiques, ou qu'il s'aviserait de
promettre sa protection à des conscrits. On le
soupçonne d'avoir extorqué une somme considérable à une femme avec laquelle il vivait. Il y a
longtemps que je le faisais surveiller. On a voulu,

par ordre supérieur, le saisir cette nuit ; il s'est échappé en chemise[1]. »

Le signalement du fugitif fut publié dans tout le pays : on mobilisa les brigades de gendarmerie dans tous les cantons où l'on pensait qu'il avait pu chercher asile ; mais, comme naguère, à la suite de l'affaire **de l'œillet**, Rougeville demeura introuvable.

Depuis longtemps, **et ceci** prouve qu'il n'était pas seulement l'homme brouillon et mal équilibré dont parle le préfet, mais qu'il était affidé à quelque grave complot ; depuis longtemps il s'était préparé, dans le pays, une retraite absolument sûre, chez quelque complice inconnu, dans quelque carrière abandonnée peut-être, ou mieux encore à Arras, où il était plus facile d'échapper aux recherches des gendarmes. Quel que soit le lieu où il se cacha, il avait si bien la certitude de n'y être point découvert que, dès le jour même, il écrivit au ministre de la police, essayant de traiter avec lui de puissance à puissance ; quelques pas-

---

[1] Lettres des 25 et 28 ventôse an XII.

Le Préfet est mal informé ; Rougeville, expert en fait d'évasion et de déguisement, savait bien *qu'en chemise* il eût été trop facilement visible dans l'obscurité : il avait mieux pris ses mesures. « Je vis qu'il s'était glissé à la faveur d'un habit noir qu'il avait pris. » Tels sont les termes mêmes du procès-verbal.

sages de sa lettre méritent d'être conservés : on y reconnaîtra l'imperturbable aplomb dont il avait déjà fait preuve en maintes circonstances semblables, et, à défaut de documents plus précis, on pourra y puiser de précieux indices sur sa souplesse d'imagination et les étonnantes ressources de son esprit.

« 25 *ventôse an XII.*

« Hier jeudi 24 ventôse, à minuit précises, j'entendis donner mes chiens ; j'ouvris ma croisée et j'aperçus plusieurs hommes qui étaient sur la terrasse de mon château. La croyance où je fus que c'étaient des brigands et la position où je me trouvais d'être seul dans mon grand local, je sautai avec vitesse sur mes armes... et j'ai crié : « Qui êtes-vous, que faites-vous ici ? » J'entendis plusieurs hommes qui criaient: « Ouvrez vos portes. » Je répondis que je n'ouvrirais point. Alors ils me dirent: «Ouvrez vos portes au nom de la loi. » Ma réponse fut que la loi même m'autorisait à en refuser l'ouverture, et que ce n'était point l'heure à laquelle on pût mettre à exécution aucune loi ; mais que, s'ils étaient porteurs d'un ordre quelconque, ils pouvaient fouiller mon château jusqu'au jour, et qu'alors je me soumettrais... Ils me récidivèrent qu'il fallait que j'ouvrisse à l'instant, sinon qu'ils allaient foncer mes portes ; ma réponse fut qu'avant d'y faire droit j'exigeais que le maire de ma commune parût pour constater leur pouvoir. Un instant après, un homme se fit entendre en disant : « Je suis maire de votre commune, vous avez une dame dans votre château que l'on cherche, ouvrez vos portes au nom de la loi ou on les fonce. » Je lui répondis que je ne reconnaissais point cette voix pour celle du maire, que dans les ténèbres je ne pouvais la distinguer ni la reconnaître ; je l'ai invité à prendre une lumière en mains pour que je puisse en être convaincu, en lui affirmant que je n'avais personne chez moi... Tous se mirent à casser mes croisées, foncèrent mes portes et pénétrèrent dans l'intérieur de mon habitation avec une rage et une impudence sans exemple... Ils étaient dix-huit gendarmes tous déguisés.

« Le droit et la facilité que j'avais à me défendre par le danger où je croyais être... ne purent, cependant, m'obliger à tuer une si grande quantité de monde, quoiqu'ils donnassent à présumer par leur conduite et leur action qu'ils étaient plutôt des voleurs, des assassins, des réchauffeurs de pieds que des hommes exécutant la loi.....

« Cependant, loin de m'applaudir d'un courage

qui ne m'a jamais manqué dans les actions les plus périlleuses. je me suis borné à sortir de chez moi par le souterrain, pour aller chercher le juge de paix de mon canton et main-forte, convaincu que le gouvernement, la loi et la justice m'en donneraient raison. Lorsque j'appris que c'étaient des gendarmes déguisés pour m'arrêter, c'est alors que je pris le parti de fuir et d'abandonner mes propriétés. J'ai aimé mieux être errant et malheureux que de servir de victime à mes ennemis.

« *J'ai mon opinion*, mais je suis incapable de nuire et de conspiration contre ma patrie. »

Rougeville concluait en demandant audacieusement un sauf-conduit lui permettant de rentrer à Saint-Laurent, et promettait, en échange de cette faveur, de se présenter devant les juges *quand il le faudrait*.

Le ministre communiqua cette lettre étrange au préfet du Pas-de-Calais, et l'invita à informer *cet homme* que le Gouvernement n'acceptait aucune condition. Si Rougeville est innocent, *il doit s'en rapporter à la justice du Premier Consul; s'il ne se présente pas sans délai, il ne peut espérer aucune grâce.*

Le préfet fit insérer cet avis dans les feuilles

publiques d'Arras ; il semble résulter de certaines pièces du dossier, qu'un nommé Leduc, jurisconsulte, tout en prétendant ignorer la retraite de Rougeville, se chargea de lui faire connaître la teneur de cette annonce.

Sans doute le proscrit n'avait-il qu'une médiocre confiance en la justice du Premier Consul, car il ne crut pas prudent de se montrer : il lui fallait de plus solides garanties. L'autorité cependant ne négligeait rien pour assurer son arrestation. Sa présence fut un jour signalée à Douai ; puis, on le disait caché dans quelque *cave ou grenier d'Arras :* tous les agents de la police publique et secrète étaient à ses trousses ; chaque jour on signalait sa découverte comme imminente, et chaque jour amenait une nouvelle déconvenue.

Rougeville, du fond de la cave ou du grenier où il se terrait, continuait à correspondre directement avec le ministre aussi tranquillement que s'il eût été à Saint-Laurent : il lui accusa réception de l'avis inséré, le 20 germinal, dans *le Citoyen français :*

« Au grand Juge, ministre de la Justice.

« Citoyen ministre,

« Je viens d'apprendre par les feuilles hebdomadaires de mon département l'extrait d'une lettre du Conseil d'État, que le préfet y a fait insérer en réponse à une lettre du 26 ventôse que j'ai eu l'honneur de vous adresser.

« Depuis, je me serais présenté à votre tribunal sans une indisposition qui me retient forcément, et vous prie de croire que je ne tarderai pas à m'y présenter. Je suis trop impatient de connaître les motifs qui causent mes disgrâces, et trop jaloux de mon honneur pour ne pas chercher à me justifier et détromper le gouvernement des mensonges affreux que quelques hommes méchants ont servis sur ma vie politique et morale. »

« R. »

Le ministre, désespérant d'atteindre jamais un tel homme, se contenta de mettre en marge de la lettre un seul mot : *l'attendre;* il était résigné sans doute à l'attendre toujours; mais il ne connaissait pas Rougeville : celui-ci n'eut-il pas l'audace de se présenter à l'audience publique du ministre [1], le le 6 floréal an XII ! Il plaida chaudement sa propre cause, et demanda innocemment à retourner à Saint-Laurent où l'appelaient les travaux des champs;

[1] Rougeville habitait alors Paris, où sans doute il se cachait depuis longtemps, rue et hôtel du Bouloi.

mais les papiers saisis chez lui, sans établir nettement sa participation aux complots royalistes,
étaient de nature à éveiller les soupçons du pouvoir,
et le grand juge prit un arrêté[1], en vertu duquel le

[1] Les motifs de l'arrêté sont assez topiques pour être mention-
nés. Rougeville est envoyé en surveillance parce que :

1° Ses opinions bien connues ne permettent pas de le laisser
dans les environs d'Arras, si près des côtes et si voisin de
l'armée;

2° Dans son mémoire à Metternich, il avoue qu'il a voulu faire
sauter l'Assemblée et préluder ainsi en 1792 au 3 nivôse an IX;

3° Sa correspondance avec son évêque prouve qu'il se mêle du
placement des prêtres ;

4° Une foule de lettres et de minutes de lettres prouvent également qu'il fait tout ce qui dépend de lui pour empêcher les
conscrits de rejoindre, en fatiguant les généraux et les minis-
tères de pétitions ,

5° Tous les libelles contre-révolutionnaires ont été trouvés
chez lui. Il est l'auteur d'une assez grande quantité de ces
libelles ;

6° Il est signalé comme turbulent, *intrigailleur*, tracassier;

7° Il s'occupait encore de faire un nouvel armorial.

Cet armorial, qui est encore au dossier, nous a servi à rétablir
la généalogie de notre héros : il avait pris soin d'y dessiner
l'écusson qu'il s'attribuait, écusson symbolique, armes parlantes
où se retrouve l'obsédant souvenir qui semble l'avoir hanté toute
sa vie. On y voit une tour où gémit une princesse enchaînée: un
homme, de loin, lui présente un œillet; cette fleur se retrouve
encore sur les supports de l'écusson, entrelacée à des chaînes et
des fleurs de lys : deux lévriers couchés, emblèmes de la fidélité,
veillent au pied de deux colonnes, soutiens du trône et de l'au-
tel ; sur des banderolles se lisent ces devises :

> Prends pitié du sang des Césars
> Et fixe sur eux tes doux regards.

> Je voudrais briser leurs fers
> Et terminer leurs revers.

châtelain de Saint-Laurent était envoyé en surveillance à quarante lieues de son domicile. On lui laissa le choix de la résidence : il désigna Reims, où il pensait, sans doute, pouvoir encore être de quelque utilité à la cause qu'il servait de si mystérieuse façon.

IX

LA SURVEILLANCE DE LA HAUTE POLICE

Il se dégage une singulière impression du dossier d'un homme placé sous la surveillance de la haute police. En feuilletant ces liasses de lettres, de rapports, de notes, on devient spectateur de l'incessant combat du suspect contre le gigantesque poulpe administratif qui l'enserre de ses innombrables tentacules. Du jour où l'arrêt a été prononcé, le malheureux ne pourra plus dire un mot, faire un geste, risquer la plus innocente démarche, sans que, derrière lui, à son insu, l'énorme machine aux mille bras ne se mette en mouvement, toujours attentive, toujours silencieuse, toujours présente, toujours invisible

Il ne rentre pas chez lui à l'heure accoutumée ? Vite une note d'un policier subalterne en informe l'autorité. Pousse-t-il sa promenade jusqu'à la ville voisine ? Le brigadier de gendarmerie s'émeut et dirige une reconnaissance du même côté. L'a-t-on vu monter en diligence? Aussitôt le sous-préfet averti fait jouer le télégraphe, et, à tous les relais, le voyageur est dévisagé, reconnu, signalé, espionné, jusqu'au point d'arrivée où il trouve un fonctionnaire prévenant qui l'invite à reprendre la poste sur l'heure et à rentrer chez lui.

Le dossier de Rougeville est d'autant plus intéressant à ce point de vue que le surveillé était plus entreprenant et, partant, la police plus soupçonneuse : c'est un duel ininterrompu pendant dix ans; duel plein de ruses, de parades habiles, de ripostes inattendues, où les deux adversaires, toujours en garde, ne se quittent pas un instant du regard. Et à ce drame passionnant rien ne manque ; non, pas même ce ressort obligé de tout bon drame, une femme qui paraît à peine, mais qu'on devine à travers toute l'action, et qui, soit par haine, soit par amour — on ne sait — est la plus acharnée de tous contre l'homme qui l'a repoussée. Et puis, ce qui ajoute du piquant à l'intrigue, ce qui est le comique de la pièce, c'est le dédain dans lequel tous ces anciens jacobins, devenus comtes de l'empire et fonctionnaires influents, malmènent — en se traitant entre eux d'*Excellence* et de *Monseigneur* — cet intrigant

Rougeville, resté fidèle à ses anciens maîtres. Rien n'égale leur platitude envers leur *Auguste Souverain*, si ce n'est le mépris que leur inspire ce royaliste énergumène, assez fou pour ne pas trouver que tout est parfait depuis qu'ils ont, eux, les places et les honneurs. Dans cette lutte inégale entre le Gouvernement impérial et le proscrit traqué de toutes parts, c'est, sans hésiter, au proscrit que vont la sympathie et l'intérêt.

C'est là, du moins, l'impression d'ensemble, car je ne jurerais pas qu'après cent ans écoulés, le merveilleux comédien qu'était Rougeville, ne réussît encore, rien que par les pièces de son dossier, à duper la postérité comme il a dupé ses contemporains. Qu'y a-t-il de vrai dans ses protestations de dévouement au régime impérial? Qu'y a-t-il de sincère dans les plaintes qu'il exhale sans cesse? Était-il une victime du pouvoir ou un danger pour lui? La question me semble impossible à résoudre. Aussi convient-il de donner ici un simple récit des faits, sans en essayer une synthèse qui risquerait de fausser, en la fixant, la mobile physionomie de l'ondoyant conspirateur.

Donc, **vers le** commencement de thermidor an XII, Rougeville arriva à Reims où il devait

rester en surveillance[1]. Il se logea rue de la Pois-
sonnerie, chez un sieur Lefebvre Deligny, et se
tint tranquille pendant un mois. C'était beaucoup.
En fructidor il crut le moment venu de tenter une
première demande : il s'adressa à Mme de la Roche-
foucault, la priant de « faire accueillir à l'impéra-
trice sa réclamation, exposant le besoin urgent
dans lequel il se trouvait d'aller chez lui mettre
ordre à ses affaires et sauver les débris de sa fortune ».

La lettre parvint à son adresse, mais s'égara
dans les bureaux, s'y attarda, et finalement resta
sans réponse, du moins sans la réponse qu'il espérait, car cette première tentative n'eut d'autre
résultat que d'attirer sur lui l'attention de l'Administration. Comment ? Rougeville, exilé de chez
lui, pour un motif assez peu défini, est interné à
Reims, et il se plaint? Qu'est-ce donc que cet éternel mécontent ? Telle est la question que le ministre posa au sous-préfet de l'arrondissement de
Reims. Le sous-préfet répondit que Rougeville était
bien sage, que, depuis son arrivée à Reims, aucun
renseignement défavorable n'avait été recueilli sur
son compte et qu'il jouissait dans son quartier de

____
[1] Archives nationales, F⁷, 6,413.

l'estime générale [1]. Trois mois plus tard, le 7 frimaire an XIII, une note adressée au ministre de la police semble solliciter un peu d'indulgence. « Rougeville, dit-on, paraît avoir plus d'intentions que de moyens. S. E. jugera si sa présence, surveillée dans sa commune, où il est sans considération et sans crédit, est plus dangereuse que dans la ville de Reims où d'ailleurs il paraît se bien conduire. »

Le ministre écrivit de sa main : *ajourné*, et n'y pensa plus.

Un mois se passe encore : un mois ! l'éternité pour cet homme qui, de sa vie, n'avait tenu en place et n'était resté inactif. Le 6 pluviôse, il reprend la plume : « Il a été victime d'une erreur, on veut sa ruine ; qu'on lui accorde au moins l'autorisation d'aller passer quinze à vingt jours à sa terre de Saint-Laurent où ses intérêts le réclament. » Le sous-préfet de Reims consentit à appuyer cette supplique et certifia « que le pétitionnaire s'était toujours conduit en homme d'honneur et de probité, et que sa conduite morale et politique n'avait cessé d'être exempte de tous reproches. » Cette fois, le ministre se laissa fléchir, et Rougeville obtint d'aller passer deux décades à Arras où il arriva

---

[1] Reims, le 27 fructidor an XII. Le sous-préfet de l'arrondissement de Reims au préfet de la Marne.

le 22 ventôse. Sa première visite — forcée — fut pour le préfet du Pas-de-Calais ; sa seconde — également obligatoire — pour le maire de Saint-Laurent ; ces formalités accomplies, il s'installa dans son château.

Qu'allait-il faire à Arras? ensemencer ses terres et toucher ses fermages ? C'est là du moins le pacifique motif qu'il donnait à son voyage ; mais ce n'était évidemment qu'un prétexte: il n'y était pas depuis douze jours que déjà il demandait une prolongation d'un mois qui lui fut accordée, le maire de la ville, Vaillant, officier de la Légion d'honneur, ex-trésorier de la 2ᵉ cohorte, ayant certifié que la conduite du proscrit était exempte de tout reproche.

Ici entre en scène un nouveau personnage assez pittoresque: le juge de paix du canton d'Arras-sud se trouvait être un nommé Lefébure qui, par dévouement peut-être, par ambition plutôt, ne répugnait pas à faire, en amateur, un peu de police secrète: il correspondait directement, chose étrange, avec le conseiller d'État Réal, chargé de la police et lui adressait de perfides notes sur l'état de *l'esprit public*. Je ne sais pas quel motif de haine ce Lefébure avait contre Rougeville? Toujours est-il qu'ignorant, sans nul doute, la mesure indulgente dont celui-ci était l'objet, le juge de paix glissa à la fin d'un de ses rapports une petite relation ainsi conçue :

« On a, dans le temps, tant cherché après M. G. de Rougeville, sans le trouver ; il est actuellement chez lui, près d'Arras, il est toujours armé de poignards ; aussi est-il surnommé le chevalier du poignard. La gendarmerie est-elle instruite de tout cela ? »

Ces mots *chevalier du poignard* sonnèrent aux oreilles de l'Administration comme un tocsin, elle demanda des renseignements au général de brigade Lachaise [1], alors préfet du Pas-de-Calais, qui menait son département tambour battant. Les renseignements qu'il recueillit sur Rougeville étaient des plus graves. Le châtelain de Saint-Laurent avait laissé traîner sur sa cheminée des croix de Saint-Louis et de Cincinnatus..., il portait en breloques des portraits de Louis XVI et de la reine ; il ne tarissait pas sur ses liaisons avec les Bourbons et sur les faveurs qu'il en avait reçues ; il ne sortait qu'avec des armes cachées sous sa redingote ou dans ses poches... Mais tout cela n'était rien en-

---

[1] Le général Lachaise était fameux par l'enthousiasme qu'il témoignait pour Napoléon. Il adressa un jour une harangue qui se terminait ainsi : « Qand Dieu eut créé Napoléon, fatigué, il se reposa. » Les malins ajoutèrent :

Mais, afin d'être plus à l'aise,
Auparavant il fit *Lachaise*.

core. Rougeville n'avait-il pas craint d'assurer qu'il avait dîné à la préfecture ! A la préfecture, songez donc ! où on ne l'avait reçu qu'une fois, et en audience publique, le 23 ventôse an XIII, l'an Ier du règne de Napoléon ! Se vanter d'avoir dîné à la préfecture ! ce seul crime dépassait en impudence tous les autres, et le brave général-préfet donna l'ordre à l'imprudent de repartir de suite pour Reims, s'il ne voulait pas y être reconduit, de brigade en brigade, par la gendarmerie impériale.

Rougeville parvint à gagner quatre jours. Le 30 floréal an XIII, on vint, à sept heures du matin, réveiller M. le préfet pour lui annoncer que le proscrit était parti... non point pour Reims, mais pour Paris. Vite un rapport à M. Réal.

Ce rapport est une perle : « Ce prétendu marquis, dit le préfet, n'est qu'un simple aventurier, fils d'un fermier de l'octroi des eaux-de-vie, *assez riche pour remplir un état honnête...* Je persiste à croire sa présence *non pas dangereuse*, mais déplacée... Il ne parle que de son attachement à la maison des Bourbons, et, *sous prétexte que les opinions sont libres*, il ne dissimule aucun de ses sentiments. Si on lui rendait la liberté, M. le Conseiller d'État, il n'en jouirait ici qu'avec un bon brevet de votre main, car, s'il s'avisait d'y

reparaître sans cette cuirasse, je vous déclare **que**
je mets le cachet préfectoral à **son** brevet de
démence, et qu'il couchera dans l'une des chambres
des Baudets [1], que je ferai matelasser, en le mettant au régime de la soupe deux fois par jour,
des bains froids et de la saignée tous les di-
manches. Rien ne désenchante l'amour-propre
comme la certitude de passer quelques semaines
aux petites maisons. »

Cependant Rougeville courait sur la route de
Paris. Quand il y arriva, sa présence était déjà
signalée. Le 13 prairial, il y fut arrêté et conduit
à la Police où on lui fit signer l'engagement, cau-
tionné par deux personnes amies, de retourner
immédiatement dans le département de la Marne.

Vaincu, il obéit et se réinstalla à Reims... Mais
il réussit bientôt à tromper la surveillance étroite
dont il était l'objet : un mois ne s'était pas écoulé
que le bruit courait à Arras que le marquis de
Rougeville se trouvait de nouveau à Saint-Laurent.
Le citoyen Lefébure en donna directement avis à
Réal. « Samedi dernier, écrit-il [2], la gendarmerie
est allée à Saint-Laurent pour arrêter Rougeville, le chevalier du poignard. Ils l'ont manqué,

---

[1] L'une des prisons d'Arras.
[2] 13 messidor an XIII.

attendu qu'ils se sont donnés à connaître à sa domestique, laquelle leur a dit d'attendre un instant, qu'elle allait allumer une chandelle, pendant lequel temps elle a parlé à son maître, et il s'est sauvé avec son fusil. »

Rougeville regagna Reims en toute hâte, et, si l'on excepte la dénonciation de Lefébure, cette nouvelle fugue à Arras semble avoir passé inaperçue. Mais le but, encore aujourd'hui mystérieux, qu'il poursuivait, nécessitait bien impérieusement sa présence en Artois, car, à peine revenu au lieu de sa surveillance, il supplie de nouveau le ministre de lui accorder un séjour de trois mois à Saint-Laurent. Il proteste de son innocence, il jure que ses ennemis veulent sa perte, il accuse Verdevoy, le maire de Saint-Laurent, d'être l'un des plus implacables, et il suppose que cette inimitié provient d'un conflit d'intérêt depuis longtemps existant entre eux; il offre de livrer tous ses papiers, toute sa correspondance, de prouver qu'on l'a calomnié; et, s'il est vrai que l'innocence a un accent particulier, il faut reconnaître que Rougeville se l'est assimilé d'une façon remarquable, car sa lettre est celle d'un honnête homme qui ne demande qu'à vivre en paix et dont la bonne foi paraît indiscutable.

La respectable liasse que forment ces nombreuses et périodiques requêtes est, à juste titre, curieuse à feuilleter. On devine avec quel soin le proscrit les rédigeait; on sent que, dans ces chétives feuilles de papier, il mettait toute son éloquence, tout son espoir. Il les suivait par la pensée, se représentant le ministre discutant le cas, pesant mûrement les décisions à prendre..... Naïveté ! Au reçu de chacune de ces missives, quelque chef de bureau pressé griffonnait hâtivement en marge : « *Qu'est-ce que ce Rougeville?* » — Puis, la paperasserie commençait son œuvre lente, la feuille passait de la première division à la deuxième, montait aux archives, revenait au bureau d'ordre, et, après un mois ou six semaines de pérégrination, réapparaissait sur la table du chef du bureau, agrémentée d'une mention dans le genre de celle-ci : « *Homme dangereux, ennemi du Gouvernement, rien à faire.* » Et le fonctionnaire, placidement, reprenait la plume et ajoutait : « *A classer* ». Pendant ce temps-là, Rougeville se rongeait les poings d'impatience et de rage. Pourtant, par un hasard invraisemblable, sa lettre du 30 messidor an XIII tomba sous les yeux d'un employé moins blasé, qui prit la peine de la lire, demanda le dossier du *personnage*, se permit de remarquer timidement : « qu'il ne pouvait s'empêcher de donner quelque créance aux récriminations de Rougeville ; si partout on peut le supporter hors de sa commune, il faut bien qu'il y ait quelque motif particulier d'opposition ou de haine locale. — Ne pourrait-on l'envoyer pour deux mois, non à Saint-Laurent, mais à Arras ? »

— « Non, répond Réal, je connais cet homme, rien à faire ».

Cette fois, le coup fut rude, si rude que Rougeville resta plus d'un an sans solliciter d'adoucissement à sa peine. Il s'était résolu à acheter à Bas-Lieu[1], près de Reims, un château et une terre qu'il faisait valoir : il paraissait absolument désintéressé de la politique; les rapports adressés au sous-préfet le notaient comme un homme d'une probité peu commune, et les autorités locales n'avaient jamais eu à surveiller malfaiteur plus calme et plus rangé. Cette bonne conduite lui valut, à la fin de 1805, une permission de six semaines avec autorisation de se rendre à Arras. Il partit. Tout se passa bien jusqu'au 21 janvier 1806; ce jour-là, un agent vint annoncer au préfet terrifié que le châtelain de Saint-Laurent avait pris, pendant la nuit, la diligence pour Paris, en négligeant

---

[1] Commune de Saint-Thierry.

de prévenir les autorités. Le ministre de la police, prévenu par courrier, fut, pendant quelques jours, en proie à une inquiétude mortelle. Il voyait déjà l'Empereur assassiné, ce qui était son perpétuel cauchemar : on chercha Rougeville dans tout Paris; mais il demeurait introuvable... Lorsqu'une lettre du préfet de la Marne vint informer l'administration qu'à l'expiration de ces six semaines, le proscrit était exactement venu reprendre sa chaîne, et que, depuis son retour, il vivait à Reims aussi tranquille et aussi retiré qu'avant son départ.

Il serait fastidieux de suivre plus longtemps cette interminable comédie. Pendant dix ans Rougeville ne se lassa pas de demander; le ministre ne se lassa pas de refuser: en marge d'une lettre, je trouve cette mention de la main d'un fonctionnaire résigné : « *faire pour la trentième fois un nouveau rapport.* » Voilà qui résume en une ligne toute cette période de la vie de l'incorrigible conspirateur. Parfois, ses supplications sont si touchantes qu'elles arrachent à l'autorité une permission de quinze jours ou de trois semaines, et, vite, il court à Arras, qui semble être pour lui le seul endroit du monde où l'on puisse vivre; parfois, il s'échappe et vient passer un jour à

Paris; mais, si l'on peut suivre ainsi, au travers des délations, des notes, des dénonciations, dont il est le continuel objet, tous ses pas et toutes ses démarches, sa vie n'en reste pas moins mystérieuse et inexplicable. Que venait-il faire à Paris? Quelle importante besogne l'attirait ainsi à Arras? Voilà qui reste impénétrable, et l'on serait presque tenté de croire, tant son rôle est bien joué, qu'il a renoncé à conspirer et qu'il s'est résolu à vivre comme tout le monde, si ses antécédents et sa fin tragique, que nous aurons bientôt à conter, n'étaient là pour donner à cette hypothèse le démenti le plus absolu.

Mais, si nous renonçons à compter les coups dans la lutte qu'il avait engagée contre la police, nous ne pouvons cependant passer sous silence certains faits qui vont nous le montrer sous un aspect nouveau et assez inattendu.

En mai 1806, il conjure le ministre de supprimer la surveillance qui pèse sur lui et qui nuit à son établissement: il va se marier. Ceci parut d'abord invraisemblable, et l'on ne vit dans cette confidence matrimoniale qu'un moyen inédit d'attendrir l'Administration; il fallut bien se rendre à l'évidence lorsqu'on apprit que, le 23 octobre, il avait épousé à Soissons — au cours d'une per-

mission de deux jours accordés par le préfet —
Mlle Boquet de Liancourt [1]

Le ministre lui accorda, à l'occasion de son
mariage, quinze jours de vacances qu'il employa
à conduire sa jeune femme à Arras et à Saint-
Laurent. L'année suivante, Rougeville obtient que
le lieu de sa surveillance soit transféré à Soissons ;
mais voilà qu'il lui naît un enfant, et il éprouve immédiatement le besoin de faire baptiser cet enfant à
Paris, où est domicilié un vieillard de quatre-vingt-
dix ans qu'il choisit pour parrain et qui est trop
débile pour entreprendre le voyage de Soissons.

[1] Les archives de Soissons ont été détruites lors de l'incendie
de la mairie de cette ville en 1814 ; mais la reconstitution des
actes de l'État civil, opérée en 1816, nous permet de produire le
document que voici :

« Les membres de la Commission de rétablissement des actes
de l'État civil ont arrêté le rétablissement de l'acte qui suit :

« L'acte de mariage sur la paroisse Saint-Gervais du 23 octobre 1806 d'entre Alexandre-Dominique-Joseph de Gousse de
Rougeville, ancien lieutenant-colonel de cavalerie, ancien chevalier de l'ordre de Saint-Louis, demeurant à Baslieux, commune
de Saint-Thierry, arrondissement de Reims, département de la
Marne, fils des défunts François-Joseph de Gousse de Saint-
Laurent et de dame Marie-Jeanne-Sophie Huret, née à Arras,
département du Pas-de-Calais, le 17 septembre 1761 ;

« Et Caroline-Angélique Boquet de Liancourt, fille légitime de
Jean-Louis Boquet de Liancourt, décédé, juge au Tribunal civil
de Soissons, et de dame Antoinette-Pauline-Adélaïde Aubrélique,
née à Soissons, le 9 novembre 1784.

« De ce mariage sont issus :

1° Le 3 septembre 1807, Louis-Alexandre ;

2° Le 21 janvier 1809, Charles-François-Alexandre. »

Ce prétexte original était trop touchant et trop familial pour qu'on pût rejeter sa requête; d'ailleurs, le préfet de l'Aisne ne cessait de rendre témoignage de l'excellente conduite de l'heureux père, et Rougeville vint passer à Paris le mois de juin 1808. Il s'y logea rue du Faubourg-Poissonnière, n° 6, chez M. Boquet, aïeul de sa femme, sans doute, et il profita de son séjour pour aller en personne solliciter sa grâce — qu'on lui refusa — et réclamer à la police les papiers et effets saisis à Saint-Laurent en l'an XII, — effets qu'on lui rendit, hors son ruban et sa croix de l'ordre de Saint-Louis.

Au mois d'octobre de la même année, ayant émoussé, à force de supplications, l'attendrissement de toute la hiérarchie administrative, il écrit à l'empereur. Si l'on songe que celui qui rédigea ces lignes avait voué sa vie aux Bourbons et exécrait, avec quelque raison, le régime impérial, on aura une idée des proportions gigantesques que prenait, aux yeux de ses ennemis mêmes, le héros de la Révolution parvenu à l'apogée de sa puissance.

« A Sa Majesté l'empereur et roi.

« Sire,

« Étant privé du bonheur de pouvoir parvenir

jusqu'aux pieds de votre trône, et y réclamer la justice de Votre Majesté Impériale, je viens de supplier Son Excellence votre grand maréchal d'avoir la bonté de se charger de ma juste réclamation.

« Sire, je le répète à Votre Majesté, je n'ai rien à me reprocher; j'ai donné, au contraire, en tout temps, des preuves de ma soumission aux lois de mon pays, d'attachement au Gouvernement, de respect et d'admiration pour VOTRE AUGUSTE PERSONNE. Je puis même ajouter que je n'ai cessé de m'occuper, dans tous mes moments, à ce qui peut être avantageux et glorieux à Votre Majesté. Elle peut s'en convaincre par plusieurs réflexions que j'ai eu l'honneur de lui soumettre, il y a deux ans, et qui ont pour butte (*sic*) une utilité essentielle pour mon pays, pour les finances de Votre Majesté, et dont je me trouverais infiniment heureux si Elle les trouve dignes de quelque considération [1].

« Depuis 1792, je n'ai cessé d'être persécuté, j'ai

---

[1] A la lettre à l'empereur sont joints :

« 1° Un projet sur les corvées pour le rétablissement et la confection des chemins, qui ne sera ni onéreux au peuple ni au Gouvernement, susceptible au contraire de rapporter au souverain, après les frais faits, une somme annuelle de 25 millions ;

2° Un projet de recrutement et d'engagement qui a pour objet l'amélioration et l'émulation du service militaire qui rapporterait au gouvernement 150 millions. »

souffert même au-delà de la force de l'homme. Sa Majesté peut s'en convaincre par le mémoire que je prends la liberté de lui soumettre; mais il y a longtemps que j'ai tout oublié pour me livrer, Sire, au plaisir de votre triomphe. Plaire à mon nouveau roi et fixer sa confiance : voilà mes désirs et mon bonheur.

« Sire, ce qui me toucherait le plus aujourd'hui ne serait point la privation de ma liberté ni la ruine de ma fortune, ce serait la perte de vos bonnes grâces et le malheur d'oser vous déplaire. »

Hélas ! ces platitudes, tracées de cette même main qui avait écrit à la reine dans son cachot le dernier mot de consolation et d'espoir qu'elle devait recevoir, ces platitudes n'eurent aucun succès. En marge de la supplique calligraphiée se trouve cette mention :

« Ce dont je me souviens bien c'est que Rougeville a avoué, s'est même vanté d'avoir proposé de faire introduire au milieu de la salle de la Constituante un baril de poudre pour faire sauter l'Assemblée entière. L'aveu de cette exécrable machination, qui lui donne une initiative dans l'affaire du 3 nivôse, est consigné dans un mémoire écrit et signé par lui. Un pareil homme, qui, depuis, n'a

cessé par ses intrigues d'agiter le pays où il demeurait, doit s'estimer très heureux que la police n'ait
pas fait autre chose que de prononcer sa mise en
surveillance spéciale [1]. »

Faire remonter à Rougeville la responsabilité
initiale de l'attentat de la machine infernale parce
qu'il avait médité, dix ans auparavant, de faire
sauter l'Assemblée Constituante, ceci me paraît
être le comble de la déduction policière. Évidemment l'Administration, malgré les rapports favo-
rables des préfets, avait la détermination bien
arrêtée de ne pas se laisser attendrir. Rougeville
était-il donc desservi près d'elle ?

Oui. Louise Lacouture, devenue presque folle
d'amour, ne lui pardonnait pas de l'avoir repoussée ;
on l'avait arrêtée à Arras, au domicile de la veuve
Briois, rue des Sœurs-de-Charité, dans cette même
nuit du 24 ventôse an XII, où les gendarmes avaient
tenté par surprise de s'emparer de Rougeville à
Saint-Laurent. Elle s'était laissée conduire sans
résistance à la prison militaire, d'où, le même jour,
elle fut extraite pour être dirigée, sous bonne escorte
vers Paris, comme prévenue d'intelligence avec les
conspirateurs.

[1] Archives nationales, F⁷, 6,413.

On l'interna pendant quelques jours aux Madelonnettes ; mais les interrogatoires qu'on lui fit
subir [1] montrèrent qu'elle était loin d'être dangereuse, et que la malheureuse se souciait peu de
politique. A toutes les questions qu'on lui posa
elle répondit qu'elle voulait vivre avec Rougeville
et rentrer dans son argent. Elle ne savait, au surplus, rien de la conspiration et n'avait jamais
entendu prononcer les noms de Cadoudal et de
Dumouriez. L'enquête révéla que la pauvre femme
avait un enfant [2].

On la remit en liberté et, tout de suite, avec
une rage tenace, elle se lança à la recherche de
son infidèle. On lui avait bien dit que Rougeville
était envoyé, à quarante lieues d'Arras, sous la surveillance de la police, mais on lui avait caché le
lieu exact de sa résidence. Elle sollicita, d'abord,
« de Monseigneur le grand Juge de l'Empire de
France, la permission d'aller vivre sur les biens
de son amant, jusqu'à ce que sa dette soit payée ».
Puis, réfugiée chez un sieur Odune, rue du Fau-
bourg-Saint-Jacques, elle écrit à Rougeville lui-
même, et, comme elle ignore son adresse, elle

---

[1] Le 1er germinal an XII.

[2] Dans les lettres écrites de sa prison en 1796, Rougeville fait
allusion à une enfant à laquelle il s'intéresse et qui se nomme
Alexandrine.

remet sa lettre à la police dans l'espoir qu'on la fera parvenir.

« O vous, dit-elle, qui me devez l'existance même que vous me priaste de vous confier les effets qu'avec probité et lauyauté vous m'avez invittez d'aussi bonne foi que moy de ressevoir la vie à votre maison de campagne.

« Jusqu'à ce que du moins vous ayez satisfait à cet engagement avec moi sur la somme de mes 8,000 francs et au moins ayant formé 1,600 au plus vivant de nous trois, mon amfant et de moy dont les tourmans et l'inquiétude me fon dépérir. Comme il ne nous est pas possible de nous voir pendant votre exil, mon cher M. Rougeville, veuillez au moins mécrire quels arrangemens prenions-nous de votre côté, vous neste que trop sûr que je préfère ceux qui sont à votre profit... etc. »

Rougeville ne répondit pas, et pour cause : il n'avait pas reçu la lettre : alors la femme Lacouture s'adresse à l'empereur [1] : « Sire, vous seul avez tout pouvoir de sauver mes 1,600 francs.. s j'obtiens votre ordre... mon âme sera sauvée de tous risque de perdre l'existance que je ressoit de l'humanité de respectables dames, rue du Mont-Blanc, n° 18. »

[1] Le 21 fructidor an XIII.

Elle conjure Sa Majesté de *n'accorder qu'à elle*
la grâce de Rougeville, espérant encore que, par
reconnaissance l'infidèle consentira à reprendre
la vie commune... Est-il besoin de dire que sa
supplique resta sans effet ?

Le hasard la servit : un jour de juillet 1806, elle
rencontra Rougeville sortant d'une maison de la
rue Saint-Martin. Il lui confia qu'il était en surveillance à Reims, mais qu'il s'échappait souvent
pour venir à Paris, sous un faux nom, et qu'il y
logeait, à la Chaussée-d'Antin, chez des amis sûrs.
Elle crut ses malheurs terminés : quant à lui, il ne
laissa pas échapper cette occasion de faire appel
à la clémence de l'empereur, et le résultat de cette
rencontre fut une nouvelle requête à Sa Majesté,
que signa la femme Lacouture, mais que dicta
Rougeville : ceci ne peut laisser aucun doute si
l'on compare l'orthographe et le style de cette pièce
à ceux des précédentes :

« Daignez, Sire, comme justice ou comme grâce,
lui accorder la liberté de retourner à sa terre où
sa présence est nécessaire tant pour ses intérêts
que pour ceux de l'exposante, à laquelle il avait
donné l'espoir d'unir son sort au sien.

« Par cet acte de bonté et d'indulgence, Votre
Majesté mettra un terme aux malheurs d'une

femme que l'absence du sieur Rougeville prive du
peu de fortune qui lui reste. Elle consacrera les
restes de son existence à publier les preuves de
vos bontés et continuera d'adresser au ciel les vœux
les plus ardents pour la conservation du héros qui
fait la gloire et le bonheur des Français... »

Ceci est du pur Rougeville: ce fut là, d'ailleurs,
le dernier service qu'il demanda à Louise Lacouture: la tentative n'ayant point réussi, il abandonna définitivement la malheureuse femme. En
proie à un désespoir voisin de la folie, elle s'attache
alors à ses pas, épie toutes ses démarches, dénonce
à la police toutes les fugues qu'il fait en secret:
un jour, elle l'a vu descendre à l'hôtel de l'Univers,
rue Croix-des-Petits-Champs; une autre fois, elle
l'a rencontré accompagné de sa *vile mercenaire*[1].
ou bien elle demande d'aller retrouver à Reims
cet homme, « qui lui a si tellement troublé les
sens » et, tout à coup, elle se calme, ses plaintes
incessantes prennent fin... Rougeville vient de se
marier.

Un point reste inexplicable. Rougeville avait
épousé, on l'a vu, une demoiselle Boquet de Liancourt ; c'est un sieur Boquet qu'il choisit comme par-

---

[1] Catherine Houleric.

rain de son premier-né ; c'est chez lui qu'il demeure rue du Faubourg-Poissonnière, n° 6, lorsqu'il vient à Paris. Eh bien ! c'est aussi chez un sieur Boquet, demeurant également, 6, rue du Faubourg-Poissonnière que s'était réfugiée, en 1793, Louise Lacouture, abandonnée une première fois par Rougeville à l'hôtel des Tuileries. Faut-il croire que c'est par l'entremise de sa maîtresse qu'il aura été mis en relations avec la famille de sa femme? Quelle nouvelle comédie joua l'incorrigible intrigant? Comment parvint-il à duper une fois de plus Louise Lacouture et à lui faire accepter la séparation ? Ce sont les derniers points d'interrogation que nous aurons à poser ; mais ils ne laissent pas que de piquer vivement la curiosité.

Désormais Rougeville assagi vivra alternativement à Bas-Lieu et à Soissons [1], ou il est parvenu à fixer sa surveillance : les autorités n'auront plus à donner sur son compte que d'excellents renseignements ; il est bien décidé à ne plus faire parler de lui...

Vains projets ! Ce n'est pas impunément qu'on s'est joué pendant quinze ans de toutes les conven-

[1] Il y habitait, en 1812, le quartier Saint-Léger.

tions sociales et de toutes les lois. Une telle succession de conspirations et d'intrigues avait fait de lui, pour ainsi dire, un homme d'une essence particulière, impatient du calme, ardent aux aventures, et lui ménageait un dénouement plus en rapport avec le roman de son existence.

X

LE DÉNOUEMENT

La fin de l'épopée impériale était proche : les armées alliées avaient envahi la France ; on commençait à comprendre que Napoléon pouvait être vaincu ; pour la première fois, depuis vingt ans, le peuple songeait à ses anciens maîtres.

Il existait donc encore des Bourbons ? Ce comte de Lille, ce comte d'Artois, ce prince de Condé, ces ducs d'Angoulême et de Berry n'étaient donc pas des mythes ? Ils étaient vivants, ces débris de l'antique monarchie, ces fantômes raillés, honnis, bafoués, oubliés ? Vraiment, il restait une fille de Louis XVI ? Cela semblait si loin, si vieux ! On avait tant vu de choses ; le présent avait si bien effacé le passé ! Et, pourtant, soit par atavisme, soit par besoin de calme et de repos, en prononçant tout bas et bien timidement le nom de ces princes, la France sentait son cœur battre...

comme dut battre celui de l'enfant prodigue lorsqu'il aperçut de loin le toit paternel.

La nation, folle du brillant soldat qui l'avait si longtemps enivrée de gloire, se trouvait lasse et presque repentante de son escapade ; c'était là le sentiment général ; mais songe-t-on à ce que durent éprouver les rares fidèles qui, depuis 1792, espéraient contre toute espérance, lorsqu'ils apprirent que leurs princes étaient en France? Ceux qui n'avaient voulu voir dans l'Empire qu'un avatar de la Révolution, ceux qui, dépouillés, décimés, ruinés, proscrits, traqués, vexés de cent façons par le nouvel ordre de choses, avaient amassé contre lui une haine de vingt années; ceux que l'*usurpateur* avait brutalisés, écrasés, privés de liberté, tous ceux-là — une infime minorité d'ailleurs — furent saisis d'une joie suffocante en voyant poindre l'aurore d'une revanche si longtemps souhaitée.

Le grand malheur des révolutions, c'est qu'au milieu des orages qu'elles déchaînent, on ne sait plus, parfois, où est la patrie, et que, dans la mêlée, on arrive à lutter contre elle en croyant la défendre. Ceci soit dit, non point pour excuser, mais pour expliquer le rôle que joua, pendant l'invasion des alliés, le héros de ce livre. Rougeville était, comme on dit, tout d'une pièce; il avait juré, en 1792, à Louis XVI et à la reine de défendre jusqu'à la mort la royauté légitime, et personne ne l'avait relevé de son serment. Telle est peut-être toute la psychologie de cette âme étrange. Partant de là, il avait médité de détruire la représentation nationale; il avait pris les armes, le 10 août; il avait tenté d'arracher la reine à ses juges; il s'était joué de toutes les lois, il avait conspiré, il avait menti, il s'était fait humble; à ce jeu dangereux, il avait perdu sa fortune et sa liberté, gaspillé sa vie, sacrifié son bonheur intime, et, sans doute, quand son courage fléchissait, quand l'espoir l'abandonnait, se réconfortait-il en disant: « je l'ai juré! » Que l'ennemi qu'il combat s'appelle Convention ou Empire héréditaire, Fouquier-Tinville ou Napoléon, qu'importe? c'est l'ennemi. Par une circonstance fatale à son honneur, vint l'heure où cet ennemi s'appela la *France :* il n'hésita pas et porta le coup. La fidélité était son patriotisme à lui.

Telle est la page douloureuse qui nous reste à écrire; mais, avant de l'entreprendre, il n'est pas inutile de rappeler certains faits qui, sans pouvoir servir de circonstances atténuantes à l'acte de Rougeville, aideront du moins à l'éclaircir et à le faire mieux comprendre.

Dès les premiers jours de mars 1814, Napoléon sentait le monde s'effondrer sous son poids. Soit par les rapports de sa police, soit par cette intuition merveilleuse qu'il avait des choses de la politique, il n'ignorait pas que la France tournait les yeux vers les Bourbons. Être vaincu par les étrangers qu'il avait provoqués, cela, il l'admettait ; mais se voir abandonné par ce peuple qu'il avait tenu dans sa main, voilà ce qui faisait bouillonner de colère son âme orgueilleuse et dominatrice. Ce double sentiment eut pour résultat une double défensive. Contre les ennemis du dehors il déploya toutes les ressources de son génie militaire, voulant du moins tomber avec honneur ; contre les ennemis de l'intérieur il réveilla l'odieux régime de la Terreur, pour se venger d'eux avant de finir. Et dans ce but il signa de son glorieux nom telle mesure que n'aurait pas déparée la signature d'un Carrier ou d'un Joseph Lebon. Le décret, daté du 24 février 1814, peut figurer dans l'histoire à côté des pires arrêtés du Comité de Salut public.

« ARTICLE 1. — Il sera dressé un état des Français qui sont au service des puissances alliées, ou qui, sous quelque titre que ce soit, ont accompagné les armées ennemies dans l'invasion du territoire de l'Empire depuis le 20 décembre 1813.

Art. 2. — Les individus qui seront portés sur cet état seront traduits sans délai et toute affaire cessante devant nos cours et tribunaux pour y être jugés et condamnés aux peines portées par la loi, et leurs propriétés confisquées au profit des domaines de l'État, conformément aux lois existantes.

Art. 3. — Tout Français qui aura porté les décorations des ordres de l'ancienne dynastie dans les villes occupées par l'ennemi et durant son séjour, sera déclaré traître, jugé comme tel par une commission militaire et condamné à mort. Ses propriétés seront confisquées au profit des domaines de l'État.

« Napoléon [1]. »

Ainsi l'homme, qui avait ouvert aux émigrés les portes de la France, qui, à l'aurore de sa gloire, s'était montré envers eux si pitoyable et si généreux, ravivait, maintenant qu'il était aigri par les revers, les vieilles lois par lesquelles la Terreur les avait mis hors l'humanité. Et, tandis qu'il

[1] De Beauchamp, *Campagne de 1814*.

commettait cette faute, l'imprudent, les Bourbons annonçaient partout qu'ils apportaient avec eux l'oubli et le pardon.

Quel out être l'effet moral d'une semblable mesure ? Il est facile de le deviner. Tous les royalistes, ceux que Napoléon molestait depuis si longtemps, comme ceux qu'il avait traités dédaigneusement en quantité négligeable, tous poussèrent un même cri : « Enfin, il a peur ! » Le zèle d'un seul en fut-il intimidé ? C'est plus que douteux. Quant au résultat matériel du décret, il fut cruel. A Troyes, vivaient, respectés de tous, deux anciens gentilshommes de la cour de Louis XVI, M. de Vidranges et de Gouault. Celui-ci avait été page du roi ; celui-là avait jadis offert sa tête pour sauver celle du duc d'Enghien ; tous deux, restés fidèles au passé, souhaitaient ardemment le retour des Bourbons. Dès que l'armée alliée eut fait son entrée dans l'ancienne capitale de la Champagne, dès qu'ils apprirent que M. le comte d'Artois se trouvait à Vesoul, ils considérèrent la France comme délivrée et reprirent avec bonheur la croix de Saint-Louis que, depuis vingt-deux ans, il était interdit de porter.

Mais, au cours de la campagne de France, les troupes françaises reprirent possession de Troyes.

M. de Vidranges s'enfuit ; M. de Gouault, plus confiant, espérait se faire oublier et rester caché jusqu'au retour, qu'il jugeait prochain, des étrangers libérateurs. Il fut dénoncé, arrêté, jugé, condamné et exécuté le même jour.

On dit que, tandis que la Commission militaire chargée de statuer sur son sort siégeait à l'hôtel de ville, un officier ouvrit la porte de la salle où les juges délibéraient et demanda *si ça marchait.* — « Le Conseil se dispose à aller aux voix, » lui fut-il répondu. — « Qu'on fusille Gouault sur-le-champ, reprit l'officier, l'*Empereur l'ordonne.* »

A onze heures du soir le condamné sortait de l'hôtel de ville, escorté par des gendarmes; on avait attaché sur son dos et sur sa poitrine un écriteau portant ces mots en gros caractères : Traitre a la patrie, qu'on pouvait lire à la lueur des flambeaux de l'escorte. Sur le marché, lieu ordinaire des exécutions, on fit halte. Le vieux royaliste demanda à commander lui-même le feu, et tomba en criant: « Vive le Roi, vive Louis XVIII[1]. »

Nous serions parvenu à donner une idée bien

---

[1] **A. de Beauchamp.** *Histoire de la Campagne de 1814.*

incomplète du caractère de Rougeville si nos lecteurs ne préjugeaient pas l'effet que dut produire
sur son imagination exaltée le récit de la mort de
M. de Gouault. Troyes n'est pas si éloigné de Reims
que, malgré l'absence des journaux et le trouble
que la guerre apportait en Champagne, il ne dut
apprendre, un des premiers, les détails de ce
drame sanglant. L'âge n'avait point refroidi son
ardeur, la Terreur reçommençait à faire des victimes, il voulait en être. D'ailleurs, au cours de
son existence mouvementée, il avait échappé à
tant de dangers, déjoué tant d'intrigues, sur-
monté tant d'obstacles, dépisté tant de policiers,
qu'il en était arrivé à se croire à l'abri de toute
mauvaise chance. Et, puis, réfléchissait-il à tout
cela? Non, sans doute; il était né conspirateur;
s'exposer était un besoin de sa nature, et, grisé
comme il devait l'être par l'imminent triomphe
de ses idées, il éprouvait l'impérieux besoin de
faire montre de son dévouement et d'être au
moins pour quelque chose dans la chute de
l'Usurpateur.

Depuis le commencement de l'année 1814, il
n'avait point quitté son domaine de Bas-Lieu. Il
suivait de là, avec la fièvre que l'on devine,
les progrès des armées étrangères, et supputait,

dans sa rage de vengeance inassouvie, l'heure où son impérial ennemi allait s'effondrer dans une suprême défaite.

Reims avait été occupé, dès le 10 février, par un corps russe, et, pendant près d'un mois, la ville était restée, pour ainsi dire, en dehors de la zone des opérations, l'effort des ennemis se portant principalement sur l'Aisne, où Blücher commandait l'armée de Silésie, et sur l'Aube, où manœuvrait l'armée de Bohême sous les ordres de Schwartzenberg. Napoléon qui, depuis le 27 janvier, luttait alternativement contre Blücher ou contre Schwartzenberg, comprit que ces deux adversaires manquaient de liens, qu'en s'emparant de Reims il coupait les communications entre l'armée de Silésie et l'armée de Bohême, et qu'il avait chance de rallier à ce nouveau centre d'opérations les troupes éparses de la 2° division militaire. Le 6 mars, un samedi, vingt-six jours après l'entrée des Cosaques, trois cents grenadiers français se présentent, par surprise, à la porte de Vesle, s'emparent du poste, tuent une quinzaine d'hommes et font deux cents prisonniers. Un chef des baskirs fut, dit-on, frappé le premier, près du pont du faubourg de Paris et enterré dans la prairie voisine. Le prince Gargarin qui commandait la ville prit la fuite, rencontra une avant-garde de l'armée française, fut fait prisonnier et conduit au quartier général de Napoléon. Le soir même, Reims était évacué par l'ennemi, et toutes les maisons de la ville illuminaient spontanément.

La victoire, cependant, devait être de courte durée; le général Corbineau, chargé par l'empereur de la défense de la place, sentant le danger et l'importance de la situation, ordonna la création de barricades en palissades; de son côté, Fleury de Chaboulon, qui avait pris, par intérim, possession de la sous-préfecture, faisait en hâte une levée d'hommes valides. L'armée russe de Saint-Priest se massait presque en vue de la ville et son artillerie envoyait des boulets jusque dans les faubourgs. Le 7, au soir, les Rémois virent l'horizon embrasé : c'étaient les villages de Saint-Brice et de Courcelles que l'ennemi incendiait. Une bataille était imminente, et elle s'annonçait terrible, livrée dans les rues mêmes de la ville entre le corps de Saint-Priest, fort de quatorze mille hommes, et la poignée de braves qu'électrisait le nom de Napoléon. Les habitants, affolés d'angoisse, se pressaient sur les places; les gens des faubourgs affluaient dans la ville, cherchant un refuge, poussant sur des charrettes leurs

meubles et leurs provisions ; c'était une anxiété,
un désordre indescriptibles ; le sous-préfet Fleury
ne savait auquel entendre, quels ordres donner,
quelle mesure prendre, lorsqu'une circonstance
imprévue vint offrir un aliment à son indécise
activité.

Un parti de cavalerie française, en poursuivant
quelques Cosaques, venait d'intercepter une correspondance adressée au prince Volkonski, chef de
l'état-major général de l'armée russe. La lettre
saisie était compromettante et signée du nom
de Rougeville. Il ne fut pas difficile à Fleury de
Chaboulon de se renseigner sur le personnage
incriminé ; son dossier se trouvait à la sous-préfecture, et rien qu'en le parcourant il était aisé de se
rendre compte que, depuis des années, l'incorrigible royaliste s'était rangé parmi les mécontents.
Il tombait donc sous le coup du décret du 24 février, et le sous-préfet, à tout hasard, après s'être
informé de la demeure du suspect, envoya un
piquet de gendarmerie pour s'assurer de sa personne.

Rougeville n'avait point quitté Bas-Lieu ; soit
que son habitation y fût moins bien machinée que
le château de Saint-Laurent, soit que le temps de
fuir lui ait fait défaut, pour la première fois de

sa vie, l'homme qui, depuis un quart de siècle, se jouait des gendarmes, ne sut pas échapper au danger. Il se laissa prendre et conduire à Reims où on l'enferma dans la prison de la Bonne-Semaine, située rue Vauthier-le-Noir, à l'emplacement qu'occupe aujourd'hui le lycée.

C'est le 10 mars, vers midi, qu'il fut écroué : à trois heures, il comparaissait devant une Commission militaire composée de six membres siégeant dans l'auditoire du Conseil des Prud'hommes, établi à cette époque dans l'Or-Ruelle, rue étroite qui partait de la place de l'Hôtel-de-Ville, sur le terrain actuel de la Banque, pour aboutir à la place des Marchés, derrière le café Français.

Gonzze de Rougeville parut devant ses juges, assisté de M° Caffin pour défenseur. Les débats furent courts : dans les circonstances critiques où se trouvait le pays, l'éloquence de l'avocat ne pouvait lutter — aux yeux de ces militaires chez qui le dévouement à l'empereur se confondait avec l'amour de la Patrie — contre la lettre qu'avait adressée le prévenu à l'un des chefs de l'armée étrangère. Il suffit de lire cette pièce pour comprendre que pas un des officiers appelés à fixer le sort de l'homme qui l'avait écrite ne pouvait l'excuser et faire grâce.

« Prince,

« **Deux** fois j'ai été assez heureux d'être utile à vos combinaisons dans les reconnaissances que vous avez ordonné de faire, le 17, à Épernay et, le 23, sur Villers-Coterets. Deux fois j'ai accompagné volontairement l'officier de Cosaques, parce que, d'abord, je connaissais les chemins et tout ce qui a rapport à des démarches aussi importantes, comme ancien officier de cavalerie, et ensuite parce que je suis plein de zèle pour vos armées. Mais c'est avec douleur, mon Prince, que je rappelle à votre souvenir que, le 17, pendant que j'étais absent et que je vous étais utile, on m'a totalement pillé à ma campagne de Bas-Lieu, et pour surcroît, avant-hier, on m'a mis chez moi, en ville, le corps de garde du général Voronzof, tandis qu'il devait être vis-à-vis son logement dans une maison qui est vaste et libre.

« Si Votre Excellence a la bonté d'apprécier le zèle et l'ardeur qui me guident pour ses armées, si elle a aussi la bonté de les approuver, je lui demande pour toute grâce de me faire restituer mes six chevaux de labour qu'on m'a pris et ensuite de donner ordre que l'on me retire de chez moi le corps de garde pour être placé dans la maison n° 4, vis-à-vis la demeure du général [1]. »

La Commission condamna l'accusé à l'unanimité, en lui donnant une heure pour se préparer à la mort. Quatre gendarmes le reconduisirent à la prison de la rue Vauthier-le-Noir.

A cinq heures, un bataillon d'infanterie et quelques gendarmes à cheval vinrent se ranger devant la porte de la maison d'arrêt, et presque aussitôt Rougeville parut sur le seuil. Il était vêtu d'une casaque jaune et portait d'élégantes bottes hongroises à glands dorés. Les abords de la prison avaient été évacués; mais une foule énorme s'entassait au carrefour formé par la rencontre de la rue des Anglais et de celle de l'École-de-Médecine. Dès que le cortège se mit en marche, ce fut un écrasement, une bousculade indescriptibles. La population de Reims, doublée par l'invasion des habitants de la banlieue que l'appréhension de la bataille prochaine avait refoulés dans la ville, était depuis trois jours dans cet état nerveux qui agite les foules à l'approche des grands événements; nulle police possible, nulle

[1] *Journal de l'Empire*, lundi 14 mars 1814.

mesure d'ordre praticable. Aussi, quand la masse des curieux aperçut, au milieu du peloton qui le conduisait à la mort, ce petit homme aux yeux vifs, aux cheveux et aux sourcils noirs, ce Français qui avait offert ses services aux ennemis, ce traître qu'on disait vendu aux alliés, il se produisit une telle poussée, il s'éleva un tel cri de malédiction et de colère que la troupe déconcertée s'arrêta.

Les rares survivants qui, il y a quelque vingt ans encore, se rappelaient avoir assisté à cette scène, avaient conservé le souvenir de l'attitude dédaigneuse du condamné. Tandis que son escorte lui frayait un passage à travers les flots pressés du peuple, il se tenait immobile, les bras croisés sur la poitrine, promenant sur les curieux ses regards perçants. Enfin, on put se mettre en marche. La troupe longea l'Archevêché, contourna l'abside de la cathédrale, vers laquelle le condamné leva lentement la tête ; puis, par la rue du Cloître, on déboucha sur la place Impériale.

Là, l'encombrement était effroyable. Une masse de militaires de toutes les armes, de conscrits, de paysans, avait submergé la place : à tous les balcons, à toutes les fenêtres de l'hôtel des Fermes, se montraient des groupes avides de voir : le bas piédestal, veuf depuis 1792 de la statue du roi

Louis XV, avait été envahi : c'était un entasse-
ment, un flot épaissi, immobilisé, au travers duquel il semblait impossible de se frayer un passage.

Les soldats de l'escorte repoussaient cette foule
à coups de crosse ; les chevaux des gendarmes
émergeaient, piétinant sur place, refoulant les
curieux... et Rougeville, toujours calme, attendait, les bras croisés, pensif, impassible.

A quoi songeait-il ? L'homme que, plein de vie,
on mène à la mort, revoit, dit-on, avec une acuité
étrange, se dérouler toutes les phases de son existence, et les détails les plus infimes, les plus oubliés, prennent en son esprit un inexplicable relief. S'il en est ainsi, la pensée de Rougeville devait
revivre les ardentes journées de juin et d'août 1792,
dans ces Tuileries battues par le flot populaire, où
il s'était constitué le protecteur de la belle reine
qui l'avait accepté pour chevalier servant. Il devait
la revoir, blonde, émue, imposante ; se remémorer
ses paroles, entendre le son de sa voix ; le culte qu'il
lui vouait alors avait été, en somme, la boussole de
toute sa vie ! Et il ressentait quelque chose de l'angoisse dont il avait été oppressé, quand, à force de
ruses, parvenu dans le cachot de l'auguste prison-

nière, il l'avait revue blanchie, vieille, maigrie, épuisée par les larmes. Et voilà que la foule qui le huait maintenant évoquait à sa pensée l'image de la charrette de Sanson. C'était un semblable concert d'imprécations et de hurlements qui l'avait accueillie, *Elle*, quand elle traversait Paris pour se rendre à l'échafaud. Et, de même que la dernière pensée de la fille de Marie-Thérèse avait dû s'envoler vers lui, Rougeville, sous forme d'un suprême et fol espoir, de même il songeait à elle en marchant à la mort.

A l'entrée de la rue du Tambour, la foule se faisait moins dense : le cortège reformé hâta le pas; il longea l'hôtel de ville et obliqua dans la rue de Mars. On approchait. Déjà, on apercevait, dans l'évasement de l'extrémité de la rue, le large espace du Champ de Mars d'où les curieux avaient été éloignés. C'était là. D'un coup d'œil il vit le décor où allait se jouer le dernier acte de son aventureuse existence : un grand carré vide, le mur du cimetière au fond, et à quelques pas de ce mur un peloton de douze grenadiers, l'arme au pied, attendant. Quelle que fut sa force d'âme et sa résolution, il pâlit, dit-on, lorsqu'il entra dans ce vaste espace et qu'il lui fallut se diriger vers le peloton d'exécution... Mais ce ne fut qu'une faiblesse d'un instant : il se raidit et traversa la plaine d'un pas ferme, sous le regard de dix mille curieux qu'un cordon de sentinelles alignait à distance. Un silence solennel s'était fait. Arrivé au mur, il s'arrêta et fit face aux soldats. On le vit, de loin, se dépouiller sans hâte de sa casaque jaune, jeter son chapeau sur le gazon ras ; puis il regarda le sol comme pour y choisir sa place. Un sergent s'approcha, lui tendant un mouchoir plié en long ; mais il le repoussa du geste. Il mit un genou en terre, et, offrant sa poitrine, il fit signe qu'il était prêt. L'officier, se détournant, leva son épée, la décharge retentit... le corps glissa sur le flanc, au pied du mur. A ce moment un frisson d'émotion, une sourde rumeur courut dans la foule ; on voyait ce corps s'agiter, et, dans une convulsion suprême, lever le bras comme pour un dernier appel. Deux hommes se détachèrent du peloton, et, abaissant leurs armes, ils firent feu. Rougeville eut un dernier soubresaut et retomba. C'était fini !

Le corps du supplicié fut porté dans la chapelle du cimetière ; il y resta durant toute la nuit. On dit que les deux soldats qui avaient été chargés de donner le coup de grâce, tentés par la veste jaune et les bottes hongroises à glands d'or, vinrent, le soir, dépouiller le cadavre, et, profanant à la fois les restes de Rougeville et le lieu où ils étaient déposés, prirent jusqu'à sa chemise tachée de sang. Le lendemain, le cadavre fut retrouvé nu sur les dalles[1].

Une personne charitable eut pitié de ce pauvre corps abandonné ; elle acheta un coin de terre et l'inhumation eut lieu sans aucune cérémonie, en présence du commissaire et de quelques curieux. On ne prit même pas le soin de dresser l'acte de décès.

Douze heures après cet enfouissement, l'armée alliée commandée par Saint-Priest entrait dans Reims. La tradition locale prétend que, si la ville eut à subir plusieurs heures de pillage, c'est parce que les étrangers, à l'instigation des émigrés, voulurent venger Rougeville. Il est certain que ceux des fonctionnaires qui avaient pris part à son arrestation furent particulièrement recherchés. Le général gouverneur Corbineau se cacha dans une cave de la rue de Mars, d'où il sortit déguisé en garçon boulanger. Fleury de Chaboulon prit la veste, le tablier et les sabots d'un aide jardinier. La colère des ennemis ne trouva donc à s'exercer que

[1] *L'Independant Rémois*, 1869.

sur le commissaire de police du premier arrondissement de la ville, nommé Gerbault, qui n'avait
pas eu le temps de fuir. C'est lui qui était allé
chercher Rougeville à Bas-Lieu. Maltraité par les
soldats, attaché à la queue d'un cheval, il fut conduit dans cet équipage jusqu'à Craonne, où, fort
heureusement pour lui, il rencontra le général
Langeron, émigré français, qui l'avait connu à
Paris, et qui prit sur lui de le faire mettre en liberté.

Je n'ai pas trouvé trace d'une cérémonie quelconque ni de l'érection d'un monument com-
mémoratif sur la tombe du supplicié. On se contenta de régulariser l'état civil, en inscrivant sur
les registres, une semaine après l'exécution, l'acte
de décès du condamné[1].

---

[1] Registre des décès de la ville de Reims, 17 mars 1814,
f° 142.

Aujourd'hui, dix-sept mars mil huit cent quatorze, dix heures
du matin, acte de décès de Monsieur Alexandre-Dominique-
Joseph Gousse (de Rougeville), décédé le dix mars présent mois,
vers cinq heures du soir, âgé de cinquante-deux ans, natif d'Arras, département du Pas-de-Calais, propriétaire, demeurant à
Reims, rue Vieille-Couture, fils des défunts François-Joseph
Gousse et Françoise Uriz (*sic*), et époux de Madame Caroline Boquet
de Liancourt, sur la déclaration à nous faite par Monsieur Charles
Carlier, âgé de soixante-sept ans, agent de ville, demeurant
rue Rouillé, et par Monsieur Jean-Baptiste Nicolas, âgé de quarante-deux ans, aussi agent de ville, demeurant rue des Carme-
lites qui ont signé après lecture faite — Carlier, Nicolas. — Fait
et constaté par nous Etienne-Louis-Joseph Camus, adjoint au
maire de la Ville de Reims. — Camus-Didier.

ÉPILOGUE

Dans une série de volumes intitulée : *Le Drame de 93*, où l'histoire est traitée avec un sans-façon qui ôte au livre tout intérêt, Alexandre Dumas, après avoir rappelé en quelques lignes [1], l'incident de l'*œillet*, conte un souvenir personnel :

« Ceux qui ont lu, dit-il, mon roman du *Chevalier de Maison-Rouge*, ceux qui ont vu ma pièce des *Girondins* comprendront sans doute que l'intrigue en est empruntée au fait que nous venons de raconter, mais ce qu'ils ne peuvent savoir, c'est la douloureuse anecdote que je demande à mes lecteurs la permission de consigner ici.

« Le roman du *Chevalier de Maison-Rouge* portait d'abord et tout naturellement le titre de

---

[1] Dont chacune peut-être contient une erreur. Nous ne faiso... pas de cette inexactitude un reproche au grand romancier. Les deux pages qu'il consacre là à Rougeville sont certainement le résumé de tout ce qu'il savait sur l'affaire de l'œillet, et on ne peut qu'admirer la façon dont il a développé dans le *Chevalier de Maison-Rouge* ces rudimentaires renseignements.

Chevalier de Rougeville ; sous ce titre, il était annoncé à *la Démocratie pacifique*, qui devait le publier, lorsqu'un matin je reçus une lettre conçue en ces termes :

« Monsieur,

« Mon père a marqué dans la Révolution française d'une façon si rapide et, en même temps, si mystérieuse, que je ne vois pas, je vous l'avoue, sans inquiétude, connaissant vos principes républicains, son nom en tête d'un roman en quatre volumes. De quels incidents avez-vous pu accompagner le fait qui se rattache à son nom ? Voilà ce que je vous demanderai avec quelque inquiétude, quoique je connaisse, Monsieur, tout le respect que vous professez pour les grandes choses tombées, toutes les sympathies que vous avez pour les nobles dévouements.

« Veuillez, Monsieur, me rassurer par quelques mots ; j'attends une réponse à ma lettre avec impatience.

« Agréez, Monsieur, l'assurance de mes sentiments les plus distingués.

« Marquis DE ROUGEVILLE. »

« On comprend que je m'empressai de répondre. Voici ma lettre :

« Monsieur,

« J'ignorais qu'il existât encore, de par notre France, un homme qui eût l'honneur de s'appeler le marquis de Rougeville. Cet homme, vous m'apprenez son existence et les obligations qu'elle m'impose : quoique mon roman, Monsieur, soit tout à l'honneur de Monsieur votre père, à partir de ce moment il a cessé de s'appeler *le Chevalier de Rougeville*, pour s'appeler le *Chevalier de Maison-Rouge*.

« Veuillez recevoir, Monsieur, l'hommage de mes sentiments les plus distingués. »

« Un mois à peine s'était écoulé, lorsque je reçus cette seconde lettre :

« Monsieur,

« Appelez votre roman comme vous voudrez : je suis le dernier de la famille et je me brûle la cervelle dans une heure.

« DE ROUGEVILLE.
Petite rue Madame, n° 3. »

« J'ouvris le tiroir de mon bureau, j'y cherchai

la première lettre, je comparai l'écriture de l'une avec l'écriture de l'autre, c'était bien la même.

« L'écriture était nette, correcte, et l'on y eût vainement cherché la trace de la moindre émotion.

« J'eus quelque peine à croire à la réalité d'une pareille décision ; j'appelai un de mes secrétaires, et je l'envoyai prendre, à l'instant même, à l'adresse indiquée dans la lettre, des nouvelles de M. de Rougeville.

« Il venait effectivement de se tirer un coup de pistolet dans la tête ; mais il n'était pas mort, et, sans répondre de sa vie, les médecins espéraient le sauver.

« — Vous irez tous les jours prendre des nouvelles de M. de Rougeville, dis-je à mon secrétaire, et vous me tiendrez au cour..nt de sa santé.

« Pendant deux jours, il y eut une amélioration progressive. Le troisième jour il revint et m'annonça que M. de Rougeville, pendant la nuit précédente, avait arraché l'appareil de sa blessure, et, le matin, était mort du tétanos. »

Cette dramatique anecdote ne nous inspirait, faut-il l'avouer, aucune confiance. Outre que la prétendue lettre du marquis portait la marque de Dumas lui-même, outre que cette phrase surtout :

tout le respect que vous portez pour les grandes choses tombées, toutes les sympathies que vous avez pour les nobles dévouements, nous paraissait évidemment écrite dans le style particulier à l'auteur des *Trois Mousquetaires*, une chose nous semblait difficile à admettre.

Comment! à l'époque même où le romancier s'occupe à tracer le récit des aventures de Rougeville, le hasard lui fournit l'aubaine inespérée d'être mis en relation avec le fils du conspirateur, et, bien que les renseignements précis lui fassent absolument défaut, il ne met pas à profit cette bonne fortune pour se procurer les documents qui lui manquent! Il n'avait même pas l'excuse de dire, comme je ne sais plus quel historien qui doit à ce mot le plus clair de sa renommée: « *Bah! tant pis, mon siège est fait!* » car il ne composait ses romans qu'au jour le jour, et il est probable qu'au moment où son œuvre était annoncée, la première ligne n'en était pas écrite. Il y avait là un si invraisemblable manque de tout scrupule historique que nous ne pouvions admettre l'authenticité de la correspondance qu'on vient de lire [1].

---

[1] Nous avons même à nous excuser ici d'avoir traité de fable cette anecdote, dans une étude que nous avons naguère publiée sur le séjour de Marie-Antoinette à la Conciergerie.

Cependant, en étudiant à notre tour, l'existence mouvementée de Rougeville, nous estimâmes qu'il était bon — par pur acquit de conscience — de réduire à néant ce racontar, et d'appuyer d'une pièce authentique une réfutation que nous espérions facile. Si un Rougeville était mort vers 1845, date de la publication du feuilleton du *Chevalier de Maison-Rouge*, il devait se trouver trace de son décès dans les registres de la municipalité. Mais l'état civil, détruit en 1871, n'a été reconstitué qu'incomplètement, et de ce côté nos recherches furent vaines.

Restaient les archives de la paroisse Saint-Sulpice, sur le territoire de laquelle se trouvait la petite rue Madame: il pouvait se faire, il est vrai, que le corps d'un suicidé n'ait pas été présenté à l'église, et l'absence du nom de Rougeville sur les registres de la paroisse n'eût donc pas été une preuve convaincante. A tout hasard cependant nous nous adressâmes à Saint-Sulpice, et notre étonnement fut grand lorsqu'après quelques jours de recherches, on nous remit l'extrait suivant.

ÉGLISE PAROISSIALE SAINT-SULPICE

« L'an mil huit cent quarante-cinq, le dix-huit mars, a été présenté à cette église le corps de

Monsieur Charles-Alexandre, marquis de Rougeville, âgé de trente-quatre ans, décédé le seize courant, carrefour de l'Observatoire, époux de Dame
Victorine de Frasan. »

Ceci nous fit considérer avec plus de respect
l'anecdote contée par Dumas ; cet indice était
pour elle un commencement d'authenticité et, afin
de compléter notre enquête, nous nous mîmes à
feuilleter patiemment la collection de *la Démocratie pacifique*.

Nous acquîmes ainsi la certitude que l'histoire
de la fin sensationnelle du fils de Rougeville est
de tous points conforme à la vérité.

A la date du 26 janvier 1845, le journal annonçait, en effet, la prochaine publication en feuilleton d'une œuvre de M. Alexandre Dumas, *Geneviève, épisode de* 93. L'annonce se répète plusieurs
fois dans les mêmes termes ; le 23 février, le titre
change, et le futur feuilleton s'appelle *le Chevalier
de Rougeville, épisode de* 93. Deux jours après,
nouveau changement, le titre est supprimé et l'on
imprime seulement que *la Démocratie pacifique*
publiera *un roman* en deux volumes de M. A. Dumas... etc.

Le 1ᵉʳ mars paraît la note que voici :

« Nous avons déjà à notre disposition les deux tiers du roman de M. Alexandre Dumas, qui ne fera pas moins de trois volumes et qui aura pour titre *le Chevalier de Maison-Rouge*. »

Ces modifications successives nous permettent donc de reconstituer les faits : c'est le 24 février que Dumas reçut la lettre du marquis de Rougeville. Hélas ! elle n'eut pas pour effet de l'inciter à interroger ce témoin vivant qui eût pu lui fournir de si précieux renseignements. Sa verve en fut cependant fouettée : « J'ai promis deux volumes sur Rougeville, se dit-il, puisque son fils vit encore, j'en ferai trois. » Et ses tâtonnements indiquent bien que son roman n'était pas alors bâti. Si *la Démocratie* affirme qu'elle en possède déjà *les deux tiers*, c'est à seule fin d'allécher et de rassurer les lecteurs qui parfois avaient attendu pendant des années le dénouement d'une histoire que le capricieux conteur n'avait plus le courage de terminer.

En continuant à feuilleter la collection de *la Démocratie pacifique*, nous rencontrâmes le fait divers suivant, à la date du 26 mars. La publication du *Chevalier de Maison-Rouge* n'était pas encore commencée :

« M. de Rougeville, appartenant à une des plus

anciennes familles de France, vient de mourir de
la manière la plus déplorable. Épris d'une jeune
femme, il voulait l'emmener en Italie ; elle s'y
refusa obstinément. M. de Rougeville, dans un
accès de délire, prit un pistolet chargé jusqu'à la
gueule et se le déchargea au milieu du front ; l'os
frontal fut brisé, mais la balle dévia et la masse
cérébrale resta à peu près intacte ; les médecins
promettaient la prompte guérison de ce jeune
homme : mais, il y a deux jours, trompant la surveillance de ses gardiens, M. de Rougeville a
brisé l'appareil qu'on lui avait posé et a mis les
lobes cérébraux à nu ; il a expiré instantanément.
Il laisse pour légataires universels M. J. Sandeau
et un autre écrivain.

« Le père de M. de Rougeville, qui avait conçu
un plan pour sauver Marie-Antoinette de la prison
du Temple avait été fusillé à Reims dans les Cent
jours. »

Et, le 31 mars, une courte note complétait ces
renseignements :

« Nous avons dit que M. de Rougeville, qui est
mort si malheureusement à la suite d'un désespoir
d'amour avait laissé pour héritiers M. Jules Sandeau et un autre écrivain. Le nom de ce dernier

est révélé par *l'Écho du Nord*, de Lille. C'est
M. Auguste Bussières, un des rédacteurs de *la
Revue de Paris* et de *la Revue des Deux Mondes*. »

Ajoutons que la tradition locale à Reims, où le
souvenir de Rougeville resta longtemps vivant,
gardait de la mort de son fils une version un peu
différente. M. Louis Tavernier l'a recueillie dans
son intéressant article publié, en 1869, par *l'Indé-
pendant Rémois* :

« Quoique père, et mari d'une femme charmante,
dit-il, le fils de Rougeville s'était épris d'une
dame russe à laquelle il avait demandé un dernier
rendez-vous. A peine eut-elle refusé la porte de sa
chambre que, surexcité par sa situation morale,
il se tua d'un coup de révolver en disant : « C'est
pour vous que je meurs. »

« *Quoique père* »... Rougeville pourrait donc,
à l'heure actuelle, avoir encore des descendants
directs ? La chose est d'autant plus vraisemblable
qu'outre ce fils dont nous venons de conter la
triste fin, et qui était né le 21 *janvier* 1809, il en
avait un autre — Louis-Alexandre — né le 3 *septembre* 1807[1]. Que sont devenus leurs enfants?

[1] *Archives* de l'état civil de Soissons.

Peut-être nous serait-il possible de le dire ; mais
l'histoire doit s'arrêter là où commence l'indiscrétion des révélations inutiles[1] ; il est temps d'ailleurs
de terminer ce livre où nous avons tenté de dire la
vérité, sans être certain d'y avoir toujours réussi ;
nous ajouterons, cependant, au sujet des deux
dates que nous venons d'écrire, une réflexion
que beaucoup, sans doute, trouveront enfantine. Le
21 *janvier*, c'était l'anniversaire de la mort du roi...
Le 3 *septembre*, celui de la découverte du complot
de l'œillet... Les fils de Rougeville, en naissant
rappelaient à leur père les deux époques fatidiques
de son existence : tout est étrange dans sa vie, tout,
on le voit, jusqu'aux hasards mêmes ; tout y est
bizarrerie, incohérence ou mystère. Puisse cette
considération nous servir d'excuse auprès de ceux
qui nous reprocheront de n'avoir dessiné de notre
héros qu'une silhouette indécise et confuse. En
essayant d'analyser son caractère, nous ne sommes
parvenu, peut-être, qu'à agrandir une énigme dont
nous n'avons pas su trouver la solution.

[1] Le répertoire des pensions payées par la cassette du roi
Louis XVIII mentionne : Gonsse (Marguerite-Caroline-Josèphe),
dame, née Destouches, femme d'un employé à la cassette du Roi
400 francs de pension ;
Gonsse d'Hastries (Rose-Louise), veuve, née Delattre, belle-
sœur de M. Gonsse de Rougeville, fusillé pendant les Cent-Jours,
mère d'un employé à la Cassette du Roi, 200 francs de pension.

APPENDICE[1]

Voici, tels que Rougeville les publia dans sa *Pétition aux Cinq-Cents*, les interrogatoires relatifs à l'affaire de l'Œillet. Où Rougeville s'en procura-t-il une copie ? Dans le *Procès des Bourbons*, publié à Hambourg, dira-t-on ? Je ne le crois pas. Evidemment les royalistes avaient, dans les Comités mêmes, des amis dévoués — ou mercenaires — qui fouillaient tous les cartons, ouvraient tous les dossiers. La publication du *Procès des Bourbons* suffirait seule à le prouver. Quelqu'un avait copié, en pleine Terreur, les documents originaux. Rougeville était bien capable d'une pareille audace. Toujours est-il qu'il se procura, en juin 1797, alors qu'il était en prison, les pièces concernant le complot dont il avait été le chef et qu'il les publia *sous son nom !* La brochure que forment ces pièces est devenue introuvable ; l'édition fut, sans doute, saisie et détruite ; il n'en reste peut-être aujourd'hui qu'un seul exemplaire, égaré dans le dossier de Rougeville aux Archives nationales. Nous

[1] Voir la note page 108.

avons eu la curiosité d'en comparer le texte avec celui des originaux et nous l'avons trouvé absolument conforme, sauf quelques modifications de détails, quelques arrangements de mots qui éclairent d'une lueur assez étrange le caractère de Rougeville. Ainsi, il a pris soin de modifier son signalement, mettant : *beaucoup de cheveux sur le dessus de la tête*, au lieu de *peu de cheveux...* etc. Il s'est efforcé aussi, en arrangeant certains membres de phrases, en supprimant certains autres, de donner plus de relief à son dévouement, de mettre plus en scène sa personnalité. Il n'en reste pas moins certain qu'il a pu se procurer et copier, en pleine Révolution, des papiers d'État importants et secrets, et qu'il a poussé l'audace jusqu'à les faire imprimer. C'est la version de Rougeville que nous allons reproduire ci-dessous ; elle diffère un peu, nous le répétons, des originaux scrupuleusement publiés, en 1863, par le savant M. Campardon ; mais cette différence même ajoute à cette reproduction un nouvel intérêt, puisqu'elle nous montre les pièces du complot *corrigées* par Rougeville lui-même, qui, on l'accordera, bien qu'un peu sujet à caution, devait être un des mieux renseignés. Nous signalerons, par des parenthèses, les principaux passages qu'il a dénaturés.

Rapport du citoyen Gilbert, gendarme, de garde auprès de la veuve Capet, au citoyen Du Mesnil, lieutenant-colonel de la Gendarmerie, près les tribunaux.

Mon colonel, dans un poste aussi délicat, je manquerais absolument à mon devoir de ne pas vous instruire sur des risques qu'il pourrait survenir par des entrevues de gens suspects qui s'introduisent chez la veuve Capet; enfin pour vous mettre au fait et ne point me compromettre, ni mon camarade, ni le corps en entier, voici dans mon âme et conscience l'exacte vérité :

L'avant-dernière fois que le citoyen Michonis est venu, il y est venu avec un particulier dont l'aspect a fait tressaillir la femme Capet, qui m'a déclaré être un ci-devant chevalier de Saint-Louis ; mais qu'elle tremblait qu'il ne fût découvert et qu'elle était bien surprise de la manière qu'il avait pu parvenir jusqu'à elle.

Elle m'a de même déclaré qu'il lui avait fait tenir dans ce même jour un œillet dans lequel il y avait un billet, et qu'il devait revenir le vendredi suivant.

De plus, sa femme de chambre, étant à jouer une partie de cartes avec moi, la femme Capet a profité de cette occasion pour écrire, avec une épingle, un papier qu'elle m'a remis à dessein de le remettre au certain quidam ; mais, ne voulant pas avoir rien à me reprocher sur la place et les devoirs que j'avais à remplir, je me suis transporté aussitôt chez le concierge à la femme duquel je lui ai remis le billet et fait absolument le rapport aussi exact que j'ai l'honneur de vous le présenter.

Le citoyen Dufresne est absolument ignorant de la chose [sinon moi qui le lui ai déclaré en présence d'un de mes camarades nommé Lamblot].

Signé : GILBERT.

Comité de sûreté générale et de surveillance
de la Convention nationale

Du 3 septembre 1793 l'an second de la république une et indivisible, quatre heures après midi.

Nous. représentants du peuple, députés à la Convention nationale, chargés par le Comité de sûreté générale de nous transporter à la Conciergerie pour y prendre des renseignements relatifs à la dénonciation faite cejourd'hui par le citoyen Dumesnil, lieutenant-colonel de la gendarmerie près les tribunaux, nous sommes arrivés dans la dite maison accompagnés du citoyen Aigron, aide de camp de la force armée de Paris que nous avons requis de nous accompagner et du citoyen François Bax, secrétaire commis du Comité de sûreté générale.

En entrant nous avons appelé l'officier de poste et l'avons requis de nous donner six gendarmes, l'un desquels nous avons fait placer dans la pièce où se trouve la veuve de Louis Capet, avec ordre donné au dit gendarme de ne laisser entrer ni sortir personne, et, nous étant retirés dans une pièce particulière de la dite maison, nous avons envoyé appeler auprès de nous le citoyen Michonis, ensuite d'un arrêté que nous avons pris en conséquence et que nous lui avons fait porter par un gendarme ; ensuite nous avons donné ordre que l'on conduisit près de nous la veuve de Louis Capet ; entrée, nous lui avons fait les interrogations suivantes :

D. Est-ce vous qui vous nommez la veuve Capet ?

R. Oui.

D. Ne voyez-vous personne dans la maison où vous êtes détenue ?

R. Personne que ceux qu'on a placés auprès de moi, et des administrateurs qui sont venus avec des personnes que je ne connais pas.

D. N'avez-vous pas vu, il y a quelques jours, un ci-devant chevalier de Saint-Louis.

R. Il est possible que j'aie vu quelque visage connu [...]

D. Ne sauriez-vous le nom d'aucun de ceux qui sont venus avec les administrateurs ?

R. Je ne me rappelle pas le nom d'aucun d'eux

D. Parmi ceux qui sont entrés dans votre appartement, n'en avez-vous pas reconnu aucun particulièrement?

R. Non.

D. N'y a-t-il pas quelque jour que vous en avez vu un que vous avez reconnu?

R. Je ne m'en rappelle pas.

D. Ce même homme ne vous aurait-il pas fait tenir un œillet?

R. Il y en a dans ma chambre.

D. Ne vous aurait-on point remis un billet?

R. Comment pourrais-je en recevoir, avec les personnes qui sont dans ma chambre, et la femme qui est avec moi ne quitte pas la fenêtre.

D. N'est-il pas possible qu'en vous présentant un œillet il y eut quelque chose dedans et qu'en l'acceptant un billet soit tombé et qu'on ait pu le ramasser?

R. Personne ne m'a présenté d'œillet, aucun billet n'est tombé par terre que j'aie vu ; il a pu tomber quelque chose, mais je n'ai rien vu ; et j'en doute parce que la femme qui est avec moi aurait pu le voir et elle ne m'en a rien dit.

D. N'avez-vous rien écrit depuis quelques jours?

R. Je n'ai pas même de quoi écrire.

D. Ne vous seriez-vous servie d'aucun instrument ou d'aucun moyen pour transmettre vos idées?

R. N'étant pas seule, même un moment, je ne le pouvais pas.

D. Il y a quelque jour qu'un chevalier de Saint-Louis est entré dans votre logement, vous avez tressailli en le voyant ; nous vous demandons de répondre si vous le connaissez.

R. Il est possible que j'aie vu des visages connus,

comme je l'ai dit plus haut, et que, dans l'état de crispation de nerfs où je me trouve, j'aie tressailli sans savoir ni quel jour, ni pour qui, ni po'ir quoi.

D. Nous vous observons cependant qu'il a été déclaré que vous connaissiez le ci-devant chevalier de Saint-Louis et que vous trembliez qu'il ne fut reconnu, ce sont les expressions dont on dépose que vous vous êtes servie.

R. Il est à croire que si j'avais tremblé qu'il ne fut reconnu, je n'en aurais pas parlé, car j'aurais eu un intérêt à le cacher.

D. N'avez-vous pas déclaré que ce même chevalier de Saint-Louis qui vous avait présenté un œillet devait revenir un vendredi ?

R. J'ai déclaré au commencement que personne ne m'avait rien présenté, si je devais croire que quelqu'un dut revenir je ne l'aurais pas dit.

D. N'avez-vous pas profité du moment que votre femme de chambre était à jouer une partie de cartes pour écrire avec une épingle à ce même particulier qui avait présenté l'œillet dans lequel devait être le billet, afin qu'il fut remis à ce particulier ?

R. J'ai commencé à dire et je le répète que je n'ai écrit d'aucune manière. Si je voulais faire quelque chose et m'en cacher je ne le pourrais pas, parce que je suis toujours vue par les personnes qui sont avec moi, même pendant la partie de cartes ; pour avoir à faire une réponse à ce particulier il faudrait le connaître, avoir reçu quelque chose de lui, et les personnes qui sont avec moi je ne les chargerais pas de la commission, par ce que je crois qu'elles remplissent trop leur devoir pour ne pas s'en charger.

D. Dans la position où vous êtes, il serait naturel de

profiter de tous les moyens qui vous seraient offerts pour vous échapper et pour transmettre vos idées à ceux dans lesquels vous croiriez avoir confiance. Il ne serait donc pas étonnant que ce chevalier de Saint-Louis fût une personne qui pourrait vous être affidée et dont, par là même, vous auriez intérêt de ne pas parler ?

R. Il serait bien malheureux que les gens qui m'intéressent m'eussent frappée aussi peu ; si j'étais seule je ne balancerais pas à tenter tous les moyens de me réunir à ma famille, mais ayant trois personnes dans ma chambre, quoique je ne les connusse pas avant de venir ici, je ne les compromettrai jamais sur rien.....

[Le reste de l'interrogatoire est sans rapport avec la tentative de Rougeville.]

Interrogatoire de la citoyenne qui est auprès de la femme veuve Louis Capet ensuite des ordres de l'administration de police.

D. Comment vous appelez-vous ?
R. Marie Dévaux, femme Harel.
D. Qui vous a placé près la femme Capet ?
R. C'est Michonis et Jobert.
D. N'avez-vous point vu venir un citoyen ci-devant chevalier de Saint-Louis ?
R. Je n'ai vu personne.
D. Ne connaissez-vous pas le citoyen Michonis ?
R. Oui, je le connais.
D. Vous rappelez-vous le jour où il est venu ici ?
R Non.
D. N'était-il pas accompagné de quelqu'un ?
R. Il était seul.
D. Le citoyen Michonis n'est-il point venu, il y a quelques jours, accompagné de quelqu'un ?

R. Oui, il y est venu accompagné d'un jeune homme que je ne connaissais pas.

D. Cet homme a-t-il parlé à la veuve Capet ?

R. Il a resté à côté du gendarme et il n'a pas soufflé.

D. Le particulier qui était avec Michonis a-t-il parlé à la femme Capet ?

R. Non, tous ceux qui entraient lui faisaient de l'effroi, mais je ne m'en suis pas aperçu pour la personne dont il est question.

D. Comment était vêtu ce jeune homme ?

R. Je ne peux pas bien dire comment.

D. Ne vous êtes-vous point aperçu que, le même jour que ce jeune homme a été introduit chez Michonis, on ait fait parvenir un œillet à la femme Capet ?

R. Je n'ai pas vu ça.

D. Ne reçoit-elle pas des fleurs ?

R. Oui.

D. Qui est-ce qui les lui apporte ?

R. Ce sont les gendarmes qui sont commis à sa garde.

D. Est-ce elle qui a demandé des fleurs ?

R. Non.

D. Parmi les fleurs qui lui ont été présentées, y avait-il des œillets ?

R. Oui, principalement depuis quelques jours, ce sont presque tous des œillets. Il y a aussi de la tubéreuse et des juliennes.

D. Après que le jeune homme est sorti avec Michonis, la veuve de Louis Capet n'a-t-elle rien dit ?

R. Non, et les gendarmes m'ont demandé si ce n'était pas le fils de Michonis, et j'ai répondu que je n'en savais rien.

D Pendant que Michonis et ce particulier étaient

dans l'appartement, n'étiez-vous pas occupée à faire une partie de cartes?

R. Non.

D. N'avez-vous jamais joué aux cartes avec aucun gendarme?

R. Oui, deux fois aux cartes avec des gendarmes dans l'appartement de la veuve Capet.

D. Quels sont les gendarmes avec qui vous avez joué?

R. Avec Gilbert.

D. Tandis que vous faisiez cette partie, ne vous êtes-vous point aperçue de quelque signe ou de quelque rapport entre Michonis, le particulier qui l'accompagnait et la veuve Capet?

R. Ce n'était pas ce jour-là, car le jour où Michonis et le particulier dont vous me parlez sont venus, je ne jouais pas, j'étais à travailler.

D. Tandis que vous étiez à jouer aux cartes, il n'est entré personne?

R. Les citoyens Jobert et Michonis sont entrés.

D. Depuis que vous êtes avec la veuve Capet, n'êtes-vous point sortie de la maison?

R. Non.

D. Depuis que vous êtes avec la veuve Capet, ne vous a-t-elle pas parlé de sa position?

R. Elle m'a parlé souvent de ses enfants et qu'on l'avait mortifiée au Temple.

D. N'avez-vous jamais aperçu les services d'une épingle ou de quelqu'autre chose pour écrire.

R. Non, jamais.

D. Connaissez-vous tous ceux qui se sont présentés devant la veuve Capet?

R. Non.

D. En connaissez-vous quelqu'un ?

R. Je ne connais que les administrateurs et les secrétaires.

D. Est-il venu quelquefois avec les administrateurs et les secrétaires d'autres personnes qu'eux ?

R. Oui, une fois ou deux ; mais je ne connais pas les personnes et je ne peux pas dire quelles sont ces personnes.

Lecture faite de l'interrogatoire, a déclaré contenir vérité et a signé avec nous.

F. Harel, Amar, Caillieux, J. Sévestre, Bax,
Secrétaires-greffiers.

Interrogatoire du citoyen Jean-Baptiste Michonis

D. Comment vous appelez-vous ?

R. Jean-Baptiste Michonis.

D. Êtes-vous venu quelquefois dans cette maison auprès de la femme Capet ?

R. Tous les jours ou presque tous les jours.

D. Quelles sont vos fonctions qui vous ont amené dans cette maison ?

R. Administrateur de police chargé de la partie des prisons.

D. Connaissez-vous la veuve Capet ?

R. Je la connais pour l'avoir vue le jour où j'ai été chargé de la transférer, le 5 août dernier, du Temple à la Conciergerie.

D. N'y a-t-il pas quelque jour que vous y êtes venu avec un chevalier de Saint-Louis ?

R. Je n'en connais pas; mais j'observe que différentes fois j'y suis venu avec plusieurs personnes que la curiosité avait amenées, et auxquelles je n'aurais pas refusé de venir avec moi.

D. Parmi ces particuliers que vous y avez introduits, ne vous êtes-vous point aperçu qu'il y en avait qui n'avait d'autre intérêt que la curiosité amenait? (*sic.*) Ces particuliers n'ont-ils jamais parlé à la femme Capet?

R. Non, jamais, à ma connaissance.

D. Quelques-uns de ces particuliers n'ont-ils pas causé de l'émotion, et d'autres de l'effroi à la femme Capet?

R. [Je n'ai jamais mené personne qui lui ait occasionné ni émotion ni effroi, au moins je ne m'en suis pas aperçu.]

D. La femme Capet faisait-elle beaucoup d'attention aux personnes qui sont venues?

R. Je ne m'en suis pas aperçu.

D. Connaissez-vous tous ceux qui vous ont témoigné le désir d'être admis avec vous à visiter la femme Capet?

R. Oui, je les connais et je vais tâcher de dire leurs noms, autant que je pourrai m'en ressouvenir : le citoyen Giroud, maître de pension, faubourg Saint-Denis; le limonadier attenant à la porte-cochère, faubourg Saint-Denis, n° 10; un des commis qui demeure rue de la Juiverie et qui travaille à la comptabilité, dont j'ignore le nom ; un autre, peintre, dont je ne me rappelle pas le nom et différentes autres personnes, non connues, qui, me témoignant le désir de m'accompagner à la Conciergerie, y sont venues avec moi parce qu'ils savaient que j'étais chargé de la partie des prisons, et à plusieurs reprises différentes je les ai amenées.

D. En quel nombre les avez-vous introduits ?

R. Je n'en ai jamais amené qu'un seul à la fois, et toujours en présence du concierge et de son épouse.

D. Combien y a-t-il de temps que vous venez dans cette maison voir la veuve Capet?

R. Depuis sa sortie du Temple.

D. L'avant-dernière fois que vous êtes venu, n'étiez-vous pas accompagné d'un particulier à vous inconnu?

R. Oui, il m'était inconnu.

D Pouvez-vous dépeindre la tournure, l'habit, la taille et la figure de ce particulier?

R. Il avait un habit gris foncé, un visage marqué de petite vérole, âgé de trente à trente-six ans, de la taille de 5 pieds un ou deux pouces.

D. Où aviez-vous trouvé ce particulier?

R. Chez le citoyen Fontaine, rue de l'Oseille-au-Marais.

D. Ce particulier vous fit-il beaucoup d'instances pour venir avec vous?

R. Il me dit qu'il aurait un plaisir infini de la voir.

D. Quel est l'état de ce particulier?

R. Il vit de son bien.

D. Savez-vous son nom?

R. Non; mais je me charge de vous le dire.

D. Quel jour ce particulier s'est-il rendu à la mairie pour venir avec vous voir la veuve Capet?

R. Jeudi ou vendredi dernier.

D. Vous rappelez-vous l'époque où il vous fit la demande chez le citoyen Fontaine de venir avec vous?

R. Il y a environ quinze jours.

D. Vous fit-il cette demande tout haut?

R. En présence de tout le monde, il y avait même trois députés à la Convention dont j'ignore le nom.

Après lui avoir fait lecture de l'interrogatoire et

des réponses, a déclaré contenir la vérité et a signé avec nous.

Michonis, Amar, Caillieux, Bax, J. Sevestre.

Interrogatoire du citoyen Gilbert, gendarme national

D. Comment vous appelez-vous et quelle est votre profession?

R. Gilbert, gendarme national auprès des tribunaux.

D. Est-ce vous qui avez écrit au citoyen Dumesnil, votre lieutenant-colonel, pour lui dénoncer l'entrevue d'un particulier avec la veuve Louis Capet à laquelle il a dû remettre un œillet dans lequel était un billet?

R. Oui.

D. Récitez-nous les circonstances particulières de ce fait, telles que vous les avez vues?

R. Le citoyen Michonis est venu avec un particulier il y a quelques jours et c'est son avant-dernière visite auprès de la veuve Capet; le citoyen Michonis lui a donné des nouvelles de sa famille, et, pendant ce temps, le particulier s'est approché de la femme de chambre qui etait en face de la veuve Capet, à laquelle il a fait signe qu'il laissait tomber un œillet, laquelle veuve Capet n'ayant pas paru comprendre le signe, il s'approcha d'elle et lui dit à voix basse de ramasser l'œillet qu'il avait laissé tomber à côté du poêle derrière la femme de chambre et elle l'a ramassé aussitôt. Je déclare que la veuve Capet m'a elle-même avoué ce que je viens de dénoncer, ne m'ayant aperçu ni du signe, ni entendu les propos du particulier. Michonis et ce particulier étant sortis, la veuve Capet me dit à moi: « Voyez comme je suis tremblante; ce particulier que vous venez de voir est un ci-devant chevalier de Saint-Louis, employé aux armées, auquel je suis redevable de ne m'avoir pas abandonnée dans une affaire [très périlleuse]. Vous ne vous douteriez pas de la manière dont il s'y est pris pour me faire passer un billet ; il m'a fait signe de l'œil et, ne comprenant pas ce qu'il voulait exprimer, il s'est approché de moi et m'a dit à voix très basse: « Ramassez donc l'œillet qui est à terre et qui renferme mes vœux les plus ardents ; je viendrai vendredi. » Et vous savez le reste. Après m'avoir ainsi parlé, je me suis baissée et j'ai relevé l'œillet qui m'était indiqué, dans lequel j'ai trouvé le billet qui renfermait le désir sincère du particulier. »

Le déposant ajoute qu'il a vu en effet la veuve Capet se baisser, mais que, ne prévoyant pas quelle en était la cause, ni le motif, il ne vit rien en elle qu'une très vive émotion, son visage changé de couleur et ses membres tremblants ; un instant après, Michonis et le particulier qui était venu avec lui se disposant à sortir, la veuve Capet lui dit: « Je vous fais donc un adieu éternel, » et à cela il répondit: « Point du tout, si je ne suis plus administrateur de la police, étant officier municipal, j'aurai le droit de venir et de vous faire visite tant qu'elle vous sera agréable. »

Michonis sortit avec le particulier, et ce fut alors qu'elle me montra un billet qu'elle avait piqué, et dont les pointes formaient deux ou trois lignes d'écriture ; elle me dit : « Voyez, je n'ai pas besoin de plume pour écrire. » Elle a ajouté que c'était une réponse pour remettre le vendredi suivant à celui qui avait donné le billet inséré dans l'œillet [m'ayant bien recommandé de n'en ouvrir la bouche à personne, car cet honnête homme, me dit-elle, serait perdu]. La femme de chambre qui était sortie quelque temps auparavant pour aller chercher de l'eau, étant rentrée pendant que la veuve Capet achevait sa phrase, je pris le billet qu'elle avait pointé, et je le mis dans ma veste, et je sortis sur-le-champ pour aller trouver la femme du concierge, à qui je dis que j'avais quelque chose à lui confier. La tirant à l'écart, je lui remis le billet piqué, en lui racontant ce qui venait de se passer, comme je viens de le déclarer ci-dessus, en lui recommandant de ne pas égarer ce billet, et elle le ferma sur-le-champ dans son portefeuille.

Je lui recommandai encore d'en instruire le citoyen Michonis, et elle m'a dit l'avoir fait, et que Michonis lui avait répondu de laisser cela là, que désormais il ne ramènerait plus personne avec lui.

Le déposant ajoute que, le lendemain du jour où il fit la remise du billet à la femme du concierge, la veuve Capet continua comme elle l'avait fait la veille de lui redemander son billet, [qu'elle y mit même beaucoup d'humeur], et qu'il lui répondit qu'il était tombé entre les mains de la femme du concierge qui le lui avait pris dans sa poche avec plusieurs autres papiers, afin de se débarrasser de ses persécutions.

D. Les officiers municipaux ou administrateurs de police ont-ils amené beaucoup de monde avec eux dans la chambre de **la veuve Capet** toutes les fois qu'ils sont venus ?

R. Plusieurs sont venus à différentes reprises avec une, deux et quelquefois trois personnes que je présume être des fonctionnaires publics.

Lecture faite du présent interrogatoire, a déclaré contenir vérité et a signé avec nous.

Et, avant de signer, ayant demandé au déposant si la veuve Capet ne lui avait point fait part du contenu du billet qui lui avait été remis par le citoyen qui était venu avec le citoyen Michonis, le déposant a répondu que la veuve Capet lui .avait déclaré à lui et à son maréchal des rogis, que le billet était conçu à peu près en ces termes : « Ma protectrice, je ne vous oublierai jamais, je chercherai toujours les moyens de pouvoir vous marquer mon zèle, si vous aviez besoin de trois [à quatre cents louis pour ce qui vous entoure, je vous les porterai vendredi prochain. » Il ajoute que la veuve Capet se plaignait aux gendarmes de la nourriture qu'on lui donnait, mais qu'elle ne voulait pas s'en plaindre aux administrateurs, qu'à cet effet il appela Michonis qui se trouvait dans la cour des Femmes avec le particulier porteur de l'œillet à qui elle le leur avait communiqué. Il ajoute encore que la veuve Capet lui a dit avoir des obligations à ce particulier.] Telles sont les dépositions du citoyen Gilbert, qui a signé avec nous.

GILBERT, AMAR, CAILLIEUX, J. SEVESTRE,
BAX, *secrétaire-greffier.*

Interrogatoire du citoyen Fontaine

D. Comment vous appelez-vous ?

R. Pierre Fontaine, demeurant rue de l'Oseille-au-Marais, comparaissant en suite de la réquisition que vous m'avez faite de me rendre auprès de vous.

D. N'avez-vous pas eu à dîner chez vous, il y a environ quinze jours, dix à douze personnes au nombre desquels était le citoyen Michonis ?

R. Oui.

D. Connaissez-vous le nom de tous les particuliers qui étaient à dîner chez vous, et surtout d'un chevalier de Saint-Louis ?

R. J'ai connu un particulier qui m'a *été* amené **par** une femme nommée Dutilleul qui a dîné chez moi deux ou trois fois avec ce particulier, lequel [il] m'a dit se nommer de Rougeville, demeurant [chez] elle à Vaugirard, presque vis-à-vis l'église, à droite en y allant par les boulevards.

D. Avez-vous quelque relation avec ce particulier?

R. Aucune.

D. Combien avez-vous dîné de fois chez lui ?

R. J'y ai dîné trois fois, et la dernière dimanche dernier, avec deux femmes [.....]

D. Avez-vous parlé de nouvelles et d'affaires relatives à la Révolution?

R. Nous en avons parlé indifféremment.

D. Savez-vous dans quel corps a servi ce nommé Rougeville, et en quelle qualité.

R. [A ce que je crois, dans la maison du Roi.]

D. Comment avez-vous su qu'il était chevalier de Saint-Louis ?

R. Par la citoyenne Dutilleul.

D. La maison où demeure le nommé Rougeville avec la citoyenne Dutilleul est-elle tout entière occupée par eux ?

R. Oui, ils occupent toute la maison et un [grand] jardin.

D. Y a-t-il plusieurs domestiques dans cette maison ?

R. Je n'y ai vu la dernière fois qu'une femme pour servir et une autre vieille femme employée au jardin.

D. Y a-t-il longtemps que le citoyen Michonis et le particulier nommé Rougeville se sont trouvés ensemble chez vous ?

R. Ils y ont dîné aujourd'hui.

D. Savez-vous si Rougeville est actuellement à Paris?

R. Je le présume sans l'assurer qu'il doit coucher cette nuit à Paris, ayant déclaré en ma présence, ainsi que la [dame] Dutilleul qu'ils avaient des affaires à Paris et qu'ils feraient aussi bien d'y rester.

Telles sont les réponses qu'il nous a déclaré contenir vérité et a signé avec nous après lui avoir lu son interrogatoire:

FONTAINE, AMAR, J. SEVESTRE, CAILLIEUX.

Déposition du citoyen Perrey, gendarme national,

qui déclare qu'étant allé, conformément à nos ordres chercher le citoyen Fontaine, ce particulier étant dans la voiture avec lui, lui a dit qu'il se doutait bien pourquoi il était mandé, que c'était relativement à la veuve Capet, mais qu'il n'avait rien à dire. Et a signé:

PERREY, AMAR, CAILLIEUX, J. SEVESTRE, BAX.

Second interrogatoire du citoyen Fontaine

D. Ayant été appelé auprès de nous, comment avez-vous pu soupçonner de quelle affaire il était question en disant: « Ah! je sais bien ce que c'est? »

R. Parce que vous m'avez parlé de chevalier de Saint-Louis et que cela m'a mis sur la voie.

D. Avez-vous quelque connaissance que le nommé Rougeville ait eu des relations avec la veuve Capet?

R. Aucune du tout.

D. Pourquoi donc venant ici accompagné d'un gendarme avez-vous dit: « Je sais bien de quoi il est question; c'est relativement à la veuve Capet; mais je n'ai rien à dire? »

R. Qu'il n'a entendu parler que de la citation de la veuve Capet au tribunal révolutionnaire.

D. Quel est le signalement du nommé de Rougeville ?

R. [C'est un homme de cinq pieds 2 à 3 pouces, marqué de petite vérole, ayant beaucoup de cheveux sur le haut de la tête, portant des boucles pendantes, un habit rayé *boue de Paris*, cheveux châtains-bruns, fort blanc de peau, teint clair, visage un peu rond, bouche petite, le nez moyen et les yeux fort vifs.]

Et a signé avec nous : FONTAINE, CAILLIEUX, J. SE-VESTRE, BAX, *secrétaire commis.* Après avoir pris les interrogatoires ci-dessus et les réponses personnelles des dénommés, avons arrêté que le nommé Rougeville et la femme Dutilleul demeurant à Vaugirard seront arrêtés et traduits à l'Abbaye pour être interrogés de suite par le Comité de sûreté générale. Rougeville sera gardé au secret jusqu'à ce que la perquisition exacte soit faite dans ses papiers et ceux de la femme Dutilleul pour être apportés ensemble au Comité tous ceux qui paraîtront suspects. En conséquence, nous avons nommé pour l'exécution de notre présent arrêté le citoyen Baudrais, administrateur de la police de Paris, auquel nous avons donné tout pouvoir nécessaire par arrêté séparé du présent. Et, en ce qui concerne Fontaine, voulan' prévenir toute correspondance entre ledit Rougeville et la femme Dutilleul, arrêtons que le citoyen Baudrais, en vertu de la réquisition spéciale que nous lui avons donnée séparée du présent, fera mettre un gendarme dans les appartements intérieurs dudit Fontaine et un préposé de police chez son portier afin d'empêcher toute communication extérieure de la part dudit Fontaine pour faire arrêter plus sûrement

ledit Rougeville et la femme Dutilleul qui pourraient
se présenter chez lui dans le courant de la journée ; au
surplus, nous avons continué nos interrogatoires et
avons signé·

AMAR, J. SEVESTRE, CAILLIEUX, BAX.

*Déclaration du citoyen François Defraisne, maréchal
des logis de la gendarmerie nationale, près les tribunaux, de garde dans l'appartement de la veuve Capet.*

D. Avez-vous connaissance d'une visite rendue il y
a quelques jours par le citoyen Michonis accompagné
d'un autre à la veuve Capet ?

R. Oui.

D. Pourriez-vous nous raconter les circonstances
particulières de cette entrevue et ce qui vous a été dit
à ce sujet par la veuve de Louis Capet.

R. Le citoyen Michonis est venu avec un particulier
à moi inconnu ; ils se sont approchés tous deux de la
table qui était devant elle, elle a demandé à Michonis
des nouvelles de ses enfants, il lui a répondu qu'ils se
portaient bien ; alors j'ai remarqué une grande agita-
tion sur le visage et dans les membres de la veuve de
Louis Capet, les larmes lui ont tombé des yeux, un
grand feu lui était monté au visage ; dans cet état, elle
s'est retirée un peu en dedans du paravent ; elle a parlé
à Michonis, et l'autre particulier était [à côté de] Michonis. Mais je n'ai pu entendre bien distinctement ce
qu'ils disaient. Après cette conversation Michonis s'est
retiré avec le particulier.

Mon camarade ayant déclaré que la veuve Capet lui
avait fait un aveu relatif à l'entrevue du particulier
introduit dans son appartement par Michonis, j'en ai

eu moi-même la preuve parce que je lui ai entendu faire le même aveu qu'elle a fait à mon camarade, savoir que ce particulier était un chevalier de Saint-Louis qui, lors de l'affaire du 20 juin, ne l'avait pas quittée, qu'il avait laissé tomber un œillet dans lequel était renfermé un billet et qu'elle ne s'en serait pas aperçue sans le signe qu'il lui fît de le relever ; que ce billet contenait une offre en louis qu'il avait à son service [et qu'il lui apporterait le vendredi suivant] et qu'elle avait répondu en piquant un papier avec une épingle, ce qui formait des lettres.

Mon camarade m'a dit devant la veuve Capet qu'il avait mis ce billet dans sa poche au moment où la femme de chambre rentrait et qu'étant sorti, la femme du concierge lui avait mis la main dans ses poches et lui avait pris ses papiers parmi lesquels se trouvait le billet; moyen dont il m'a avoué s'être servi pour empêcher la veuve Capet de continuer ses résistances pour le ravoir, et qu'il l'avait remis à la femme du concierge.

J'ajoute que, ce soir, lorsque la veuve Capet s'est retirée après avoir été interrogée, elle a dit devant mon camarade et devant moi qu'elle avait craint que le particulier ne fut aperçu par nous. Versant des larmes elle nous a engagé à ne pas répéter ce qu'elle nous avait confié à cet égard. Telles sont les dispositions qu'il a déclaré contenir vérité et a signé avec nous.

DESFRENNES, CAILLIEUX, AMAR, J. SEVESTRE,
BAX, *secrétaire commis.*

*Interrogatoire de la citoyenne Richard, femme
du concierge de la maison où nous sommes.*

D. Comment vous nommez-vous ?

R. [Marie Barassaint, femme Richard, concierge de cette maison.]

D. Avez-vous quelque rapport avec la veuve de Louis Capet ?

R. Non.

D. Savez-vous les moyens qu'on emploie pour lui parler ?

R. Je n'en connais aucun.

D. N'avez-vous pas connaissance qu'un particulier l'aie vue avec le citoyen Michonis ?

R. Je ne m'en suis pas aperçue.

D. N'êtes-vous pas dépositaire d'un papier qui vous a été remis par un gendarme, lequel était piqué et venait de la veuve Capet ?

R. Que Gilbert, l'un des gendarmes commis à la garde de la veuve Capet, m'a remis ce papier et il m'a recommandé de le remettre au citoyen Michonis, en m'avertissant que les personnes qu'il amenait ici pouvaient me compromettre beaucoup, et de suite j'ai remis le papier au citoyen Michonis qui est venu le même jour et presque dans le même moment.

Lecture faite de l'interrogatoire et des réponses a signé.

Femme RICHARD, AMAR, CAILLIEUX, J. SEVESTRE, BAX.

Second interrogatoire du citoyen Michonis

D. Avez-vous connaissance du billet qui a été remis par Gilbert, gendarme, à la concierge.

R. Oui.

D. Où est ce billet ?

R. Le voici tel que la citoyenne Richard me l'a remis.

D. Savez-vous d'où venait ce billet ?

R. J'ai l'honneur de vous observer que c'est Mᵐᵉ Richard qui me l'a remis, je n'en sais pas davantage.

D. Quel jour vous a-t-on remis ce billet ?

R. Le lendemain ou le surlendemain du jour où je suis entré avec un particulier dont il a déjà été parlé dans mon précédent interrogatoire.

D. Vous avez déclaré que vous n'étiez jamais venu ici qu'avec une seule personne à la fois, et cependant il est établi que vous avez introduit deux ou trois personnes à la fois ?

R. Cela peut être.

D. Vous avez déclaré que vous ne connaissiez pas particulièrement celui que vous avez introduit dans l'appartement de la veuve Capet, et il est connu que vous vous trouvez assez fréquemment avec lui et qu'aujourd'hui encore vous avez dîné ensemble chez le citoyen Fontaine ?

R. J'ai été à trois heures chez le citoyen Fontaine, et j'ai trouvé le particulier dont il est question à table.

D. Comment est-il possible que vous ignoriez son nom, tandis que vous l'avez vu plusieurs fois ?

R. Je vous jure que je ne le sais pas.

D. N'avez-vous point eu de relation particulière avec lui ou des conversations particulières pendant le temps où vous l'avez vu chez le citoyen Fontaine ?

R. Je n'ai jamais eu des conversations particulières ni secrètes avec lui, car je ne le connais pas et nous ne nous sommes vus que publiquement, que devant tout le monde qui était là.

D. Dans les discours qu'a pu tenir ce particulier, n'avez-vous pas soupçonné que c'était un contre-révolutionnaire ou un homme incivique ?

R. Je ne l'ai jamais entendu rien dire, et il n'a parlé que de choses générales, et, s'il avait dit quelque chose de contraire à la Révolution, je ne l'aurais point souffert.

D. Comment donc, ne connaissant pas le caractère de cet homme, avez-vous commis l'imprudence de le mener aussi légèrement dans un lieu où il ne doit entrer que les fonctionnaires publics à qui la surveillance de la veuve Louis Capet spéciale est confiée ?

R. J'ai fait la même chose pour lui comme j'ai fait pour les autres, et je n'ai pas mis de difficulté, attendu que la surveillance est fort bien établie auprès de la veuve Capet.

D. Vous venez de dire que vous avez reproché à ce citoyen de vous avoir compromis, comment et de quelle manière avez-vous su qu'il vous avait compromis ?

R. Parce que la citoyenne Richard m'a dit que c'était un chevalier et qu'on lui avait remis un billet qu'elle avait déposé entre mes mains.

D. Comment, sachant que ce particulier vous avait compromis, et vous étant trouvé avec lui, vous, fonctionnaire public, ne vous êtes-vous pas informé du nom et de la demeure de celui qu'on vous avait dit être un chevalier ?

R. Comme je n'ai pas mis d'importance à la chose, et que j'ai cru que c'était une affaire finie, je n'ai mis aucune suite à cet objet parce qu'il ne m'a pas paru en mériter.

D. Nous vous observons que, lorsque la citoyenne Richard vous remit le billet qui venait de la veuve Louis Capet, vous lui répondîtes qu'il fallait laisser cela là et n'en point parler ; avouez ce fait ?

R. Je conviens de lui avoir dit ce que vous me répétez parce qu'en effet je n'y attachai aucune importance.

D. La citoyenne Richard, en vous déposant ce billet qu'elle était chargée de vous remettre ne vous a-t-elle point dit que ce billet venait de la femme Capet et qu'il était destiné à ce chevalier dont il est question?

R. Elle ne m'a pas dit qu'il était destiné à ce chevalier.

D. N'était-il pas de votre devoir, sachant que ce billet venait de la femme Capet et qu'il était écrit avec une épingle, de vous informer à qui il était destiné et de ce qu'il contenait et n'était-il pas bien probable qu'en se plaignant de l'entrée ici de ce particulier à l'instant même où on vous remettait ce billet, vous deviez soupçonner que c'était à lui qu'il pouvait être adressé et qu'il y avait là nécessairement une intrigue et qu'il importait à l'intérêt public de la dévoiler. Comment donc vous trouvant avec ce particulier n'avez-vous pas fait toutes les poursuites qu'une affaire aussi sérieuse exigeait d'un fonctionnaire public.

R. Je vous réitère que j'ai mis si peu d'importance à la chose et que j'ai cru qu'elle était finie.

D. Vous convenez que Mme Richard vous a prévenu que l'homme que vous aviez amené avec vous auprès de la veuve Louis Capet était un chevalier, vous avez senti l'inconvénient et le danger de l'avoir admis, vous lui en avez fait des reproches aujourd'hui, donc vous avez senti qu'un homme pareil était suspect ; il faut être ou bien aveugle ou bien indifférent sur ses devoirs pour n'avoir pas fait arrêter cet homme immédiatement après la remission du billet que vous a fait Mme Richard ?

R. Je vous observe que j'ai regardé la chose comme non avenue et comme finie et ne devant pas avoir de suites, et la chose en est si vraie que je me suis trouvé aujourd'hui sans le savoir puisqu'il est vrai que je ne lui ai pas remis le billet (*sic*).

D. Sur notre interpellation qui vous a d'abord été faite de déclarer si c'était à lui qu'était destiné le billet, vous avez répondu négativement, et cependant vous venez de dire que, parmi les reproches que vous lui avez adressés, vous n'avez pas oublié celui que ce billet pouvait être pour lui ?

R. J'ai reproché à ce particulier qu'il avait manqué de me mettre dans le plus grand embarras et qu'il était assez à présumer que le billet qu'on m'avait remis pouvait être destiné pour lui.

D. Quelles ont été les réponses de ce particulier à vos reproches ?

R. Il m'a dit qu'il en était bien fâché et qu'il ne l'avait pas fait dans cette vue-là.

D. Connaissez-vous le domicile de cet homme ?

R. Oui, citoyen, il demeure à Vaugirard chez la citoyenne Dutilleul.

D. Savez-vous son nom ?

R. Je ne le sais pas et je ne l'ai jamais su.

D. Nous vous observons qu'ayant mangé plusieurs fois avec lui chez le citoyen Fontaine que vous connaissez ; que, sachant le nom et la demeure de la femme chez laquelle il est logé, il est bien étonnant que vous ne sachiez pas son nom que toutes les probabilités annoncent devoir vous être connu.

R. Je réponds que je ne le sais pas.

D. Vous n'avez donc pas entendu prononcer son nom chez le citoyen Fontaine, et, malgré l'intérêt que vous deviez avoir à le connaître, puisque cet homme vous avait compromis, comment n'avez-vous pas cherché à le savoir ?

R. Je fais la même réponse que j'ai faite auparavant, et je ne croyais pas qu'il fût important pour moi de l'apprendre, puisque je n'attachais aucune importance à cette affaire.

Lecture faite du présent interrogatoire et des réponses, a déclaré contenir vérité et y persister, et nous, commissaires, avons annexé le billet piqué avec une épingle au présent interrogatoire, observant qu'il ne nous paraît présenter aucune lettre ni liaison d'aucun mot, et que nous nous réservons de vérifier par preuve et autres témoignages si c'est le même billet qui a été remis successivement par la veuve de Louis Capet au gendarme Gilbert, par celui-ci à la femme du concierge, et enfin par cette dernière au déposant qui a signé avec nous.

MICHONIS, AMAR, J. SEVESTRE, CAILLIEUX,
BAX, *secrétaire commis.*

Nous avons fait appeler la citoyenne Richard, lui avons présenté le billet, et elle a reconnu que c'était le même qu'elle a remis au citoyen Michonis et a signé avec nous.

Femme RICHARD.

Le citoyen Gilbert appelé pour reconnaître le billet l'a également reconnu et a signé, il a déclaré que la veuve Capet vient de lui demander si le chevalier de Saint-Louis dont il a été question dans toutes les dépositions ci-dessus a été arrêté, il lui a répondu qu'il n'en savait rien et a signé.

GILBERT.

Le citoyen Jean-Maurice-François Brasse, lieutenant de gendarmerie près les tribunaux, étant descendu ce matin dans la chambre de la veuve Capet [et l'ayant trouvée très affligée], il a entendu cette dernière demander aux gendarmes commis à sa garde qu'elle craignait bien que le chevalier de Saint-Louis dont il a été question dans la déposition ci-dessus était arrêté, sur quoi les gendarmes ont répondu qu'ils ne le savaient pas et a signé.

BRASSE.

Second interrogatoire de Marie-Antoinette, veuve Capet

D. Nous avons acquis par les dépositions et par les pièces de conviction qui sont entre nos mains, que dans les faits sur lesquels nous vous avons interrogé et que vous avez niés vous avez dit.faux ?

R. Donnez-moi la preuve.

D. On vous a demandé s'il n'y avait pas quelque jour que vous aviez vu un ci-devant chevalier de Saint-Louis que vous aviez reconnu, vous avez dit non ?

R. Me rappelant le jour qu'il est venu, je l'ai connu.

D. Nous vous avons demandé si le même homme ne vous avait pas fait tenir un œillet, vous avez répondu non, le contraire a déposé que oui (*sic*)?

R. Je réponds que la seconde fois qu'il est rentré dans ma chambre, j'ai appris qu'il y avait un œillet, je n'y avais pas fait assez d'attention pour m'en être aperçue.

D. Vous convenez donc qu'il y en avait un ?

R. Oui.

D. Vous avez nié d'avoir pris et ramassé un billet qui était dans l'œillet ?

R. Je l'ai pris et ramassé.

D. Que contenait ce billet ?

R. Des phrases vagues : « Que prétendez-vous faire,

que comptez-vous faire, j'ai été en prison, je m'en suis tiré par un miracle ; je viendrai vendredi. »

D. Était-ce la première ou la seconde fois que vous l'avez vu ?

R. Je ne l'ai reconnu que cette seule fois et, s'il y était venu auparavant, je ne l'aurais pas reconnu.

D. Ce billet ne contenait-il pas autre chose et n'y avait-il point d'offre ?

R. Il y avait une offre d'argent ; mais je n'en ai pas besoin et je n'en accepterai de personne.

D. Il paraît que vous avez reconnu cet homme : savez-vous son nom ?

R. Je me rappelle de l'avoir vu souvent, mais je ne sais pas son nom.

D Dans quelle occasion l'avez-vous connu ?

R. Je l'ai vu [à Versailles et] aux Tuileries.

D. N'y a-t-il pas une époque remarquable où vous avez fait plus d'attention à lui ?

R. Oui, à l'époque du 20 juin 1792, il était dans la même chambre où j'étais.

D. Y resta-t-il longtemps ?

R. Tout le temps que j'y ai été.

D. D'où venaient les craintes que vous avez eues qu'il ne fut reconnu [et le tressaillement de joie que vous avez éprouvé en le voyant entrer avec Michonis dans votre chambre].

R. Que tout homme qui vient ici peut se compromettre [n'ayant vu aucun visage connu depuis treize mois, il est assez simple et naturel que j'aie été saisie dans le premier moment, ne fût que par l'idée du danger qu'on pouvait courir en venant dans la chambre que j'habite].

D. Ce même homme vous parla-t-il à l'époque du 20 juin ?

R. Il me parla comme tout le monde ; il y avait là huit à dix personnes, c'était donc le moment où j'étais encore renfermée.

D. Que vous dit-il alors ? Ne vous parla-t-il pas des événements ?

R. Je ne m'en rappelle pas du tout ; je n'étais occupée que de mes enfants et de ce qui m'était cher dans le château [cependant je lui ai l'obligation d'avoir tout fait pour m'avoir préservé l'un et l'autre.]

D. Cet homme vous a-t-il demandé quelque faveur, quelque grâce ?

R. Du tout.

D. Pourquoi vous appelle-t-il sa protectrice dans le billet qu'il vous a écrit ?

R. Cela n'y était pas.

D. Qu'est devenu ce billet ?

R. Je l'ai déchiré en mille petits morceaux.

D. Avez-vous répondu à ce billet ?

R. Non.

D. Si vous n'avez pas répondu, vous avez écrit du moins ; que contenait cet écrit ?

R. Avec une épingle j'ai essayé de marquer : [« Que j'étais gardée à vue, que le danger était trop grand pour y reparaître, que je ne pouvais ni parler ni écrire. »]

D. Reconnaîtriez-vous le papier s'il vous était présenté ?

R. Oui.

D. Est-ce ce billet-là ?

R. (Après l'avoir regardé.) Oui, c'est le même.

D. Cet homme vous adressa-t-il quelque parole ?

R. [Quelques mots.]

D. Vous rappelez-vous de ces mots ?

R. Dans le moment où je parlais de sensibilité, il me dit : « Le cœur vous manquerait-il ? » et je répondis : « Il ne me manquera jamais, mais il est profondément affligé. »

D. Cet homme ne versa-t-il pas des larmes ?

R. Il pouvait être touché. [...]

D. L'administrateur Michonis vous a-t-il fait quelques propositions ?

R. Jamais.

D. Pourquoi témoignez-vous tant d'intérêt de le revoir ?

D. Parce que son honnêteté et son humanité m'avaient touchée.

D. Cet intérêt semblerait cependant avoir un autre motif et provenir de ce qu'il avait introduit dans votre appartement un homme qui vous offrait des services ?

R Il est à croire que Michonis ne le connaissait pas lui-même, car au même instant je lui ai témoigné le désir de le voir renommé à la municipalité.

D. Ce même homme n'était-il pas un de ceux qui a servi dans la journée du 10 août ?

R. Non. [...]

D. Ne l'avez-vous pas vu du temps que vous étiez au Temple ?

R. Du tout, il n'y venait que des membres de la municipalité...

Le reste de l'interrogatoire de la reine est sans rapport avec l'affaire de l'œillet.

Interrogatoire de la femme Dutilleul
Convention nationale. Comité de sûreté générale
et de surveillance de la Convention

Du 5 septembre 1893, l'an second de la république française une et indivisible.

D. Comment vous nommez-vous?

R. Sophie Lebon, veuve Dutilleul.

D. Quel âge avez-vous?

R. Vingt-trois ans, je suis née à Paris, paroisse Saint-Eustache.

D. Quel est votre état?

R. Je n'en ai pas.

D. Y a-t-il longtemps que vous connaissez le nommé Rougeville?

R. Environ huit mois.

D. Quel âge a Rougeville, d'où est-il, quel est son état et que faisait-il dans l'ancien régime?

R. Il a trente-trois ans, il est d'Arras, il était dans la maison militaire de Monsieur, aujourd'hui il n'a plus d'état.

D. Connaissez-vous le nommé Fontaine, y a-t-il longtemps que vous le connaissez, et Rougeville est-il très lié avec lui?

R. Je connais Fontaine depuis un an à peu près, et Rougeville ne le connaît que depuis qu'il a été mis aux Madelonnettes. J'ai connu Fontaine chez la citoyenne Etienne qui tient l'hôtel ci-devant Dauphin, des Quatre-Fils, rue des Quatre-Fils, près l'hôtel Soubise.

D. Y a-t-il longtemps que vous n'avez vu le nommé Paumier, neveu de Fontaine?

R. Je ne le connais pas.

D. Connaissez-vous la citoyenne Bridau, maîtresse de Paumier?

R. Non.

D. Rougeville vous a-t-il parlé quelquefois de la ci-devant reine?

R. Indifféremment.

D. Vous a-t-il témoigné le désir de voir la ci-devant reine dans sa prison?

R. Jamais.

D. Rougeville avait-il de grandes liaisons avec Michonis?

R. Je ne lui en connais pas, il n'a vu Michonis que chez moi le jour de la Sainte-Anne, chez Fontaine le jour de la Saint-Pierre, et mardi dernier quand nous y avons dîné ensemble.

D. Quels étaient les convives qui étaient au dîner de mardi dernier chez Fontaine?

R. Moi, Rougeville, Fontaine, Michonis et un citoyen dont je ne connais pas le nom.

D. Avez-vous connu le citoyen Auger?

R. Non.

D. De quoi parla-t-on pendant le dîner; parla-t-on d'affaires?

R. Non, Michonis se plaignit seulement de n'avoir pas été renommé du Comité.

D. Savez-vous si Michonis a accompagné Rougeville à la Conciergerie pour voir la ci-devant reine?

R. Je n'en sais rien.

D. Rougeville est-il riche?

R. Rougeville est fils d'un négociant d'Arras qui, dit-on, est fort riche; son père s'appelle Gouse de Rougeville; il porte aussi le nom de Visamarle.

D. Je vous observe qu'il est invraisemblable que Rougeville ne vous ait pas parlé soit du projet de voir la ci-devant reine, soit de l'entrevue qu'il a eue avec elle par l'entremise de Michonis?

R. Je vous réponds qu'il ne m'en a jamais parlé, il était trop dissimulé pour cela, et je lui ai fait souvent des reproches de sa dissimulation.

D. Lui avez-vous **vu** préparer quelque fleur et y placer un billet?

R. Non, il a pu prendre des fleurs dans le jardin parce qu'il **y** a des œillets.

D. Avec qui Rougeville est-il **en** correspondance chez l'étranger?

R. Je ne lui connais pas de correspondance chez l'étranger.

D. Avez-vous quelquefois des rassemblements chez vous à Vaugirard?

R. Jamais.

D. Reconnaissez-**vous** **ce** paquet et le cachet **qui y** est apposé?

R. Oui, je le reconnais, c'est mon cachet.

D. Rougeville avait-il beaucoup d'or et beaucoup d'assignats?

R. Je ne lui en ai pas **vu.**

D. Rougeville allait-il quelquefois à la campagne, et où va-t-il?

R. Je n'en sais rien.

D. Savez-vous où est actuellement Rougeville?

R. Non, lorsque nous sommes partis ensemble mardi matin, il a pris deux chemises et quelques paires de bas; nous avons dîné ensemble chez Fontaine et nous nous sommes séparés. Je ne l'ai pas vu depuis.

Fait et clos le dit jour, et a signé :

DUTILLEUL.

FIN

TABLE

E. GREVIN — IMPRIMERIE DE LAGNY — 1927.